聚焦重要概念的生物学单元教学研究丛书

丛书主编　周初霞

聚焦重要概念的生物学单元教学实践研究

社会责任视角

赵文浪　周春华　俞宝根　杨　琼　宣莉蓉　著

浙江科学技术出版社

版权所有　侵权必究

图书在版编目（CIP）数据

聚焦重要概念的生物学单元教学实践研究 . 社会责任
视角 / 赵文浪等著 . — 杭州 : 浙江科学技术出版社 , 2023.6
（聚焦重要概念的生物学单元教学研究丛书 / 周初霞主编）
ISBN 978-7-5739-0581-9

Ⅰ . ①聚…　Ⅱ . ①赵…　Ⅲ . ①生物课－教学研究－高中
Ⅳ . ① G633.912

中国国家版本馆 CIP 数据核字 (2023) 第 063105 号

丛 书 名　**聚焦重要概念的生物学单元教学研究丛书**
本册书名　**聚焦重要概念的生物学单元教学实践研究　社会责任视角**
丛书主编　**周初霞**
著　　者　**赵文浪　周春华　俞宝根　杨　琼　宣莉蓉**

出版发行　**浙江科学技术出版社**
　　　　　杭州市体育场路 347 号　邮政编码：310006
　　　　　办公室电话：0571－85176593
　　　　　销售部电话：0571－85176040
　　　　　网址：www.zkpress.com
　　　　　E－mail：zkpress@zkpress.com
排　　版　杭州万方图书有限公司
印　　刷　杭州高腾印务有限公司

开　　本　787×1092　1/16　　　印　　张　5.5
字　　数　100 000
版　　次　2023 年 6 月第 1 版　　　印　　次　2023 年 6 月第 1 次印刷
书　　号　ISBN 978-7-5739-0581-9　　定　　价　36.00 元

责任编辑　曹梦洁　陈潇潇　　　**责任校对**　李亚学
责任美编　金　晖　　　　　　　**责任印务**　崔文红

丛书总序

基础教育改革已经进入内涵发展的新时代。本次课程改革系统而全面地建构了核心素养的教育理念，从学生发展素养，到体现各学科特点的学科核心素养，再到根据学科核心素养发展水平和相应内容研制的学业质量标准，可以说从学理上完成了对核心素养这一理念的建构。现如今，怎样基于核心素养的发展要求实现课堂教学的根本转型，已成为每位基础教育工作者需要回答的命题。

"创新"是浙江精神的关键词，浙江省的课程改革一直走在全国的前列。浙江省教育厅教研室的教研员们更是以智慧和勇气矢志改革、锐意探索，掀开了浙江省基础教育崭新的一页。我省高中生物学学科教研员、特级教师周初霞老师就是一个很好的典范。她所领衔的团队针对一线教师普遍关注而又感到困惑的关键问题，如什么是大概念，为什么要聚焦大概念，如何开展基于大概念的单元整体教学，从理论和实践层面进行了大胆探索，并组织编著了"聚焦重要概念的生物学单元教学研究丛书"。

本丛书不仅反映了他们在课堂改革的道路上所做的种种努力与探索，记录了他们在课程改革中坚持不懈的心路历程，更为学科育人找到了一个正确的打开方式。细细读来，多有启示。

一是着眼素养为本的课程理念，诠释并演绎了教学范式。核心素养是育人目标，学

1

科核心素养则是学科育人目标的具体化。学科核心素养的本质是学科思维，经验化和结构化的"大概念"或"大观念"是理解的锚点，是学科思维的支撑点。据此，周初霞老师的团队聚焦生物学重要概念探索单元整体教学，开展了"教学设计""课例研究"和"范式研究"三个系列的研究，并将研究成果以丛书的形式呈现给读者。其中"教学设计"系列，从重要概念的视角重构了教材中的单元学习主题，探索了核心素养导向的单元整体教学设计框架。本系列是研究的雏形。"课例研究"系列，从聚焦重要概念的视角进行了单元教学的课堂实践。结合具体课例，研究单元重要概念的解构、学习目标的制订、学习情境的创设、学习活动的设计、学习评价的实施等操作指南。本系列是理论走向实践的行动改进。"范式研究"系列，提炼了"境脉架构模式""五构概念教学法"等聚焦重要概念的单元整体教学范式。本系列是研究的理论发展。

二是立足学科育人的基本内涵，探索并创新了思维课堂。核心素养的发展要以学习方式的转变为关键，而学习方式的改变核心是思维方式的改变。中国工程院院士钱旭红认为："能力增长不仅仅靠知识，而更靠运行知识的逻辑——思维是否足够自由多样。单靠知识改变不了命运，改变命运需要用思维架构起知识，从而支撑起有高度和强度的人生大厦。思维晋级是最好的学习和成长"。因此，周初霞老师的团队立足学科思维的课堂转型，努力指向学习方式转变，基于"情境—问题—任务—活动—评价"的学习主线，引导学生从被动学习走向主动学习。在研究方法上，他们注重实证性的课例研究，通过观课、录课、评课、磨课、改课，努力提升课堂的教学效益。在研讨与交流中，他们经历了情感的交融、思维的碰撞、观念的转变、理念的提升。

三是借助教育科研的演进机制，丰富并发展了单元整体教学的理论内涵。他们将理论紧密联系实际，在教学中研究，在研究中行动，在行动中反思，在反思中丰富理论。在研究视域上，他们既立足单元整体教学实践，又探索"单元"与"课时"的有效衔接，既具有整体视野又微观深入。他们注重局部的深度研究，通过"目标与评价""情境与问题""活动与评价"等视角，探索将生物学学科核心素养落实在课堂教学中的理论范式。经过近六年的研究与实践，他们提出"创设单元境脉，统领课时学习""应用'五构概念'教学法，确保课时聚焦单元"等衔接路径，帮助学生形成"整体感知—部分剖析—整体反思"的思维方式，改善传统课时教学中存在的学习碎片化和浅表化的现象，注重学科整体组织化、结构化知识的建构，从浅层学习走向深度学习。同时，他们的研究还破解了从概念教学到观念培育的瓶颈。在理论层面，厘清了生命观念的内涵、外延及形成的路径。在实践层面，建构了行为导向的生命观念培育模式，为教师培育生命观念提供了支架。基于此，他们总结形成了高中生物学"一脉三维五构"单元整体教学理论体系，丰富了整体教学理论内涵。

纵观本丛书，理论、实践、案例相互交织，有机融合，层次分明。世界是整体的，万物在一个整体的世界中有序地生长。本丛书契合了整体发展的世界观。周初霞老师及其团队的单元整体教学研究成果，已在浙江省高中生物学教学实践中全面铺开，并向全国推广。我们期待着他们能坚守教育初心，不懈努力，取得更加丰硕的、能把发展核心素养这一蓝图变为现实的成果。

是为序。

浙江省教育厅教研室主任

教育部基础教育教学指导委员会委员　　任学宝

浙江省特级教师协会副会长兼秘书长

2021 年 4 月于杭州

作者序

　　鉴于高中生物学主干知识主要以概念的方式呈现，概念知识也是解决生活、生产中真实问题，发展生物学三维目标（知识、能力、情感态度价值观）的载体，概念教学一直是高中生物学教学中关注的焦点。《普通高中生物学课程标准（2017年版2020年修订）》（以下简称"课程标准"）提出高中生物学课程的基本理念，即"核心素养为宗旨""内容聚焦大概念""教学过程重实践""学业评价促发展"。课程标准特别强调概念的理解与传递，并在课程内容要求中呈现了10个大概念、31个重要概念。生物学重要概念是承接科学事实与生命观念的桥梁，能够展现当代生物学学科图景，是学科结构的主干部分。因此，我们开展了聚焦重要概念的生物学单元教学研究。本研究至今已持续了七年多，主要经历了以下三个阶段。

　　第一阶段，模式探索阶段（2015—2017年），在行动改进中找准单元整体教学研究的"三维度"和"六要素"。我们将"重要概念"作为单元整体教学的主题，将"科学事实""重要概念"与"生命观念"作为三个基本维度，着力研究事实性知识的表达与阐释、生物学概念的理解与运用、生命观念的评价与创新及三者之间的相互关系，并将其统整到目标、评价与课堂实施的单元教学中。我们尝试将目标、情境、任务、问题、活动与评价作为聚焦重要概念的生物学单元整体教学设计的"六要素"，并完成了2个必修模块共 11 个单元的整体教学设计。

第二阶段，模式形成阶段（2017—2019 年），在实践探索中形成"一脉三维五构"的单元整体教学范式。针对前期研究中存在的单元情境与课时情境不相融、学生记忆生物学术语代替理解概念等问题，我们主要进行了三个方面的研究。一是开展了基于"三维度""六要素"的单元教学行动改进课例研究，开发了 2 个必修模块共 11 个单元的课例视频课程。二是着力创设单元境脉、探索"五构概念"教学法、研制单元学习图谱等方面的研究，从而构建了"一脉三维五构"的单元整体教学模式。单元境脉能较好地解决单元与课时的统整性，以单元大任务或单元核心问题统领各课时学习；"五构概念"教学法能帮助学生形成"整体感知—部分剖析—整体反思"的思维方式，改善传统课时教学造成的学习碎片化和浅表化现象，理解生物学重要概念和生命观念的内在联系，提高运用生物学概念和生命观念解决实际问题的关键能力，发展生物学学科核心素养。三是整合教师的"教"与学生的"学"，特别是单元学习图谱能帮助学生开展反思性学习，从被动学习转向主动学习，从浅层学习转向深度学习。

在本研究的引领下，单元教学在浙江省高中生物学学科教学中如火如荼地开展起来。近年来我省关键问题解决专题研训活动和高中生物学课堂教学评审活动，均以单元整体教学为主题开展。2018 年 5 月，《中国教育报》以"生物课堂活动应推陈出新"为题进行了报道，充分肯定了单元整体教学模式。

第三阶段，模式推广阶段（2019—2022 年），在应用推广中发展单元整体教学理论。本阶段主要进行了两个方面的研究：一是应用推广"一脉三维五构"单元整体教学模式。二是在深化实践中不断完善与发展高中生物学"总—分—总"式单元整体教学的理论。"聚焦重要概念的生物学单元教学研究丛书"三个系列图书陆续出版。其中，单元整体教学设计系列有《指向学科核心素养的普通高中课堂教学设计案例丛书》《指向科学探究的高中生物学整体教学设计·必修模块》等；单元整体教学课例系列有《聚焦重要概念的生物学单元教学课例研究》（共 5 个分册）；单元整体教学范式与理论研究系列由 8 个主题组承担（每组的第一位老师担任组长）。

书名		著者
聚焦重要概念的生物学单元教学理论与实践		周初霞
聚焦重要概念的生物学单元教学实践研究	目标与评价	周业宇、胡玉萍、孙宝山、杨波
聚焦重要概念的生物学单元教学实践研究	情境与问题	盛国跃、李艳华、龚静、朱凯丽
聚焦重要概念的生物学单元教学实践研究	活动与评价	陈国、沈天文、施陶峰、周旖旎、张志祥
聚焦重要概念的生物学单元教学实践研究	生命观念视角	吴圣潘、黄华、吴可心、杨正、许艺
聚焦重要概念的生物学单元教学实践研究	科学思维视角	王红梅、沈洋、何芳、孙波、王静
聚焦重要概念的生物学单元教学实践研究	科学探究视角	周丽婷、徐玉华、徐建忠、朱琳瑜、章颉、王苗苗
聚焦重要概念的生物学单元教学实践研究	社会责任视角	赵文浪、周春华、俞宝根、杨琼、宣莉蓉

　　除研究组的核心成员外，还有众多的一线教师主动参与课例开发、视频拍摄。课题实践基地学校除杭州第十四中学、绍兴市第一中学、瓯海中学等 7 所浙江省高中生物学学科基地学校外，还有很多学校主动加盟参与实践，例如诸暨中学、温州中学、嘉善高级中学、杭州师范大学附属中学、金华第一中学、东阳中学、丽水中学、慈溪中学、天台中学等 30 余所，涉及省内 11 个地市。

　　一分耕耘，一分收获。浙江省教学研究系统立项课题《指向生物学学科核心素养的单元整体教学实践研究》已于 2021 年 12 月结题，中国教育学会 2019 年度教育科研规划课题《聚焦生物学重要概念的单元整体教学研究与实践》已于 2022 年 7 月结题。研究成果以论文、课例、讲座等形式，不仅在省内外高中生物学学科内进行推广，也实现了跨学科的成果辐射，为新课标新教材背景下的课堂变革提供了单元整体教学的"浙江经验"。

　　在研究过程中，我们得到了众多领导和专家的鼎力支持。特别是浙江省教育厅教研室任学宝主任，认为本研究是浙江省课程改革中的一个很好典范，为学科育人找到了一个"正确的打开方式"，并为丛书作了总序。高中生物学课程标准项目负责人、北京师范大学生命科学学院刘恩山教授多次莅临，进行学术报告、现场听课与评课等高屋建瓴的专业指导。教育部人文社科重点研究基地、华东师范大学课程与教学研究所所长崔允漷教授认为，该课题属国家急需、学术前沿与教师关注的课题。课题组遵循生物学课程标准的要求，结合相关教材，组建团队攻关，抓住一线教师在落实新课标过程中的难点问题开展选题研究，具有重要的理论意义与实践上的引领价值。浙江大学教育学院课程与学习科学系盛群力教授也给予了高度评价，认为聚焦重要概念的单元整体教学课题研究勇立潮头，具有开创性，"一脉三维五构"单元整体教学模式是指向核心素养的有效教学的范式之一，其研究成果已有相当影响力，同时具备推广与借鉴价值。浙江师范大学副校长李伟健教授针对本研究课题指出，"一脉三维五构"单元教学模式理念先进，以学定教，完全符合当代脑科学与学习科学的规律。经过多年的实践，该教学模式有效转变了学生的学习方式，发展了学生科学的思维方法，促进了学生核心素养的提升，从而显著提升教学效果，值得进一步推广应用。我们衷心感谢专家的指导！感谢专家的认同与鼓励！这也是我们得以坚持不懈、不断进取、研究反思、总结提升的动力和源泉。

在丛书出版之际，我们还要感谢一线校长、专家和教师对课例开发的大力支持。感谢浙江科学技术出版社的鼓励与帮助，特别是教学视频课程的跟踪拍摄。

诚然，聚焦重要概念的单元整体教学是一个常研、常新的重要课题，我们旨在抛砖引玉，引发广大教师对这一重要课题的深入思考与探索。同时，欢迎读者对本书提出宝贵意见，以便我们在后续的研究中不断修订和完善。

周初霞

2022 年 7 月于杭州

前言

《普通高中生物学课程标准（2017 年版 2020 年修订）》基于生物学学科本质，着眼于学生适应未来社会发展和个人生活的需要，凝练了"生命观念、科学思维、科学探究和社会责任"的生物学学科核心素养。如果说生命观念是核心、科学思维是方法论、科学探究是发展路径，那么社会责任就是上述三个核心素养的外显。在生命观念、科学思维和科学探究的共同支撑下，社会责任将生物学知识与社会生活相联系，使理论和实践相交融，集中反映了学生的生物学综合素养水平，充分体现了高中生物学的学科特色和育人价值。

我们非常有幸参加了由浙江省教育厅教研室周初霞老师立项的中国教育学会教育科研规划课题"聚焦生物学重要概念的单元整体教学研究与实践"。在周老师的引领下，课题组开展了子课题研究：指向社会责任素养发展的生物学单元整体教学策略研究（课题编号：G2022200）。本书所呈现的，正是课题组成员进行子课题研究的思路、过程、成果和反思。

本书分为4个章节。第1章"背景与现状"分析了社会责任的由来,通过问卷调查并分析了目前高中生社会责任素养的发展水平,以及对当前生物学课堂教学中社会责任培育的现状进行了综述,指出了亟需提升的若干问题。第2章"理论与依据"阐述了社会责任的内涵和发展层次,探索了发展学生社会责任素养的理论基础和培育途径,聚焦以重要概念为主题的单元整体教学。第3章"行动与对策"探讨了在单元整体教学中发展社会责任素养的三种策略,呈现了丰富的教学案例和实践分析,以期为广大一线教师提供教学参考,使指向社会责任素养的单元整体教学设计真正落地。第4章"反思与展望"分析了在单元整体教学中发展学生社会责任的优势和不足,对于如何解决研究过程中遇到的一些困难和问题进行了思考和展望。

正如书中所说,社会责任并非仅是态度和意愿的培养,更是一种高度依赖学习过程的综合能力。对社会责任的培育绝非一日之功,我们需要打破陈旧观念,开拓教学思路,创新性地、长期性地将社会责任的培育落实到日常生物学教学中。本书撰写时引用了许多教育专家、学科研究专家与同行的研究成果和实践经验,在此表示衷心感谢!

由于编写时间、水平等有限,书中肯定存在不足之处,恳请广大读者批评指正,以便我们在后续的实践研究中不断修订和完善。

赵文浪

2023 年 1 月于绍兴

第 1 章　背景与现状

一、背　　景 ……………………………………………………………………… 1

二、现　　状 ……………………………………………………………………… 3

第 2 章　理论与依据

一、社会责任的内涵 …………………………………………………………… 13

二、社会责任与生物学概念 …………………………………………………… 16

三、发展社会责任的理论基础 ………………………………………………… 19

四、社会责任与单元整体教学 ………………………………………………… 22

第 3 章　行动与对策

一、丰富发展社会责任的课程资源 …………………………………………… 28

二、探索发展社会责任的单元教学范式 ……………………………………… 39

三、实践发展社会责任的单元议题式教学 …………………………………… 51

第 4 章　反思与展望

一、反　思 ……………………………………………………………69

二、展　望 ……………………………………………………………70

第1章
背景与现状

《普通高中生物学课程标准（2017年版2020年修订）》（以下简称"课程标准"）基于生物学学科本质，着眼于学生适应未来社会发展和个人生活的需要，凝练了"生命观念、科学思维、科学探究和社会责任"的生物学学科核心素养，充分体现了高中生物学课程的学科特点和育人价值。培养具有社会责任素养的人才，在国际社会上已达成共识。无论是个体在未来社会中生活幸福和胜任职业的需要，还是推动社会进步与健康发展的需要，社会责任都是未来人才必须具备的核心素养。因此，培养学生的社会责任素养是我国教育的一项重要任务。社会责任是一个人在社会生活中品格、能力的外显，它离不开生命观念、科学思维和科学探究的共同支撑，又集中反映了学生的生物学综合素养水平。因此，社会责任是其他三者与社会生活建立联系的连接点，是生物学学科核心素养在社会生活中外显的衔接点。

一、背 景

每个公民在社会中充当着不同的角色，承担着不同的责任。社会责任作为新时代合格公民必备的核心素养之一，是自然科学和人文科学育人价值的共同目标。课程标准中凝练的生物学社会责任核心素养（以下有关生物学"社会责任核心素养"的表述均简化为"社会责任素养"），既传承历史文化，又符合现代要求，是中国学生核心素养的学科化表达，具有鲜明的生物学学科特色，充分体现了生物学课程的育人价值。课程标准指出，"社会责任"是指基于生物学的认识，参与个人与社会事务的讨论，做出理性解释和判断，解决生产生活问题的担当和能力。具体包括以下内容：学生应能够以造福人类的态度和价值观，积极运用生物学的知识和方法，关注社会议题，参与讨论并做出理性解释，辨别迷信和伪科学；结合本地资源开展科学实践，尝试解决现实生活问题；树立和践行"绿水青山就是金山银山"的理念，形成生态意识，参与环境保护实践；主动向他人宣传关爱生命的观念和知识，崇尚健康文明的生活方式，成为健康中国的促进者和实践者。[1]

（一）社会责任的学科特色

生物学是研究生命现象和生命活动规律的一门自然科学，是农业科学、医药科学、环境科学及其他有关科学和技术的基础。当前许多有争议的社会热点问题，都与生物学有关。

人口问题既是社会问题，也是生态学问题，正确看待人口问题，才能实现我国的全面可持续发展。基因工程在粮食增产、保护环境、提高医疗水平等方面取得了巨大的成就，但关于基因工程安全性等方面的争论一直不断。近年来，技术的发展促进了动物细胞的基因编辑，但对人体胚胎细胞的基因编辑引起了伦理等方面的巨大争议。生物多样性的丧失是全球性生态环境问题之一，退耕还林、退耕还草、退耕还湖、长江"十年禁渔"等政策，就是对生物多样性的一种保护和补偿，是我国在生态文明建设方面的重要举措。除此之外，全球气候变化、土地荒漠化等环境问题，抗生素过量使用带来的抗药性积累、艾滋病等传染病的防控、癌症的治疗和研究等健康问题，都与生物学息息相关。公民只有具备一定的生物学素养，才能做出理性的解释和判断。

生物学学科不仅具有理论丰富的知识体系，还包括人类认识自然现象和规律的一些特有的思维方式和探究过程。假说—演绎法、归纳法等科学思维方法和实验法、观察法、调查法、测量法等科学研究方法为生物学的发展提供重要助力，这些方法的应用也融入了社会责任素养。

（二）社会责任的学科育人价值

课程标准指出，学科核心素养是学科育人价值的集中体现，是学生通过学科学习而逐步形成的正确价值观、必备品格和关键能力，是学生适应未来社会发展和个人生活的需要[2]。其中，学科核心素养的发展途径是学科学习，价值体现是形成正确价值观、必备

---

[1] 中华人民共和国教育部.普通高中生物学课程标准（2017年版2020年修订）[M].北京：人民教育出版社，2020：5.
[2] 同[1]4.

品格和关键能力，最终目的是适应未来社会发展和个人生活的需要。

学科育人价值的重点在于使学生形成正确的价值观、养成良好的品格、发展关键能力。这有利于他们解决复杂问题，更好地进行个人生活和参与社会生活，适应未来社会的发展，以促进社会进步。而在学科教学中，这些育人价值被凝练成了学科核心素养。在生物学学科核心素养的四个维度中，"社会责任"素养要求"基于生物学的认识，参与个人与社会事务的讨论，做出理性解释和判断，解决生产生活问题的担当和能力"，对学生面向未来发展和个人生活的要求尤为明显：

（1）社会责任素养强调学生基于生物学的认识，参与个人与社会事务的讨论，并做出理性解释和判断。面对各种讨论，学生基于生物学认识，做出理性解释和判断，既有利于个人的健康生活，也有利于改变社会的错误舆论倾向，促进社会的更好发展，这正是生物学学科价值的充分体现。

（2）社会责任素养要求学生基于生物学的认识，具有解决生产生活问题的担当和能力。如在践行"绿水青山就是金山银山"的理念、参与环境保护实践的过程中，学生需要对家乡的环境状况进行调查，然后提出保护环境的建议或行动计划；在调查家乡一条河流水质的实践中，学生必须解决一系列问题以完成该实践任务：搜集资料，拟订计划，确定分工，购买或租赁仪器，确定调查时间、地点和方法，对调查数据进行汇总和分析，撰写调查报告，提出合理的建议并提交至当地生态环境管理部门。

总之，社会责任素养充分体现了生物学学科的育人价值。学生在学习生物学课程的过程中，其生物学学科特有的社会责任意识和社会责任能力得以发展，从而能够更好地处理科学、技术与社会三者之间的关系，更好地生活和适应未来社会发展。

二、现　状

随着社会的进步，国家对高素质人才的需求量越来越大，对高素质人才的要求不再局限于拥有娴熟的技能和渊博的知识，还必须要有强烈的社会责任感。青少年是未来国家的建设者和接班人，他们能否承担起自身应该履行的社会责任，关系到国家的前途和民族的命运。

生物学知识日新月异的发展促进了技术的进步，技术的进步又变革了生产模式，基因工程、发酵工程、细胞工程、蛋白质工程等的出现和发展让曾经的一个个"科幻故事"变成了现实。随着新产品不断涌现，生产效率不断提高，这些新技术影响着每个人生活的方方面面，改善了人们的生活，造福了全人类。与此同时，基因编辑技术、克隆技术、胚胎工程技术等又都可称为"双刃剑"。在现实应用中，这些技术可能存在滥用的情况，若被不当使用还会引发一系列的伦理道德问题，不利于社会的稳定发展。

对高中生来说，生物学知识和素养的发展从未像今天这样如此重要。高中生正处于世界观、人生观和价值观形成的关键时期，发展学生的社会责任素养，帮助学生树立社会主义核心价值观，让他们爱国爱家，能够明辨是非，能够正确看待和参与社会事务，是党的教育方针在生物学课堂的生动呈现和不懈追求。

为了了解高中生在生物学社会责任素养方面的发展现状，课题组设计方案，开展了学生问卷调查和课堂教学问卷调查，结果喜忧参半：大部分学生有一定水平的社会责任素养，但整体发展参差不齐；教师在课堂教学中普遍能够认识和重视学生社会责任素养的培育，但在具体操作实施上，仍有很大的进步空间。

（一）调查报告及分析

课题组对浙江省各地市的高三年级学生进行了问卷调查。问卷精选了与高中生物学知识相关的、在社会影响较大或在社会大众中存在较多疑虑或误解的四个代表性问题，调查对象分为生物学学业水平考试（学考）学生和选择性考试（选考）学生两类。我们在调查学校高三年级不同类型班级中按照学号随机选取学生，每所学校调查人数为100～200人。为提高问卷调查的准确性和有效性，调查方式包括网上问卷填写和现场问卷访谈两种形式。受人力限制，现场问卷访谈人数限定为调查对象的10%。我们汇总分析两种调查方式的结果，满分为100分，以"得分/总分"计算得分率。

问卷依据课程标准对社会责任素养的水平划分设计而成。问卷以问答题为主，问题设置包括四个水平：知道、认同，关注、了解，养成、辨别、运用、参与，揭穿、践行、宣传、参与。课题组旨在通过分析学生回答的具体内容、逻辑及思维，了解学生的生物学知识掌握情况、知识的应用能力以及社会实践的能力，从而较为全面和准确地掌握学生社会责任素养的发展情况。

1. 调查问卷

本调查问卷选取了四个具有代表性的议题，分别是正确使用抗生素、辨别增高广告、远离毒品、认识并参与环境保护。这些议题与生物学知识联系紧密，同时也是社会关注的热点。

抗生素的发现和使用是 20 世纪伟大的成就之一，它的使用拯救了无数人的生命。当前抗生素在生产与生活中存在滥用的情况，世界诸多地区的自然水环境中已检测到抗生素的存在，对环境中生物造成了潜在的不利影响。抗生素滥用会造成细菌抗药性增强，将来可能会出现"无药可用"的局面，成为公共卫生和可持续医疗的严重挑战。抗生素的不合理使用是当前需要迫切关注的问题之一。

身高是许多人关注的问题，许多孩子因身高不足而自卑，父母焦急担心。因此，增高药物成了资本介入的热点，伴随而来的是狂轰滥炸的广告、虚假宣传、焦虑宣传。正确看待身高的差异性、身高增长的阶段性，正确看待和科学使用增高药物，都是人们需要具备的生物学素养。

毒品的危害尽人皆知，吸食毒品让无数家庭破碎不堪，让无数人陷入绝望。很多人吸食毒品是因为他们对毒品的危害认识不够。毒品的成瘾性让吸毒者难以戒掉，即使戒掉也可能再次吸食。进行禁毒宣传教育，让每个人认识到毒品的作用机理、巨大危害，既是社会的任务，也是生物学教学的一大任务。

绿水青山就是金山银山。保护环境，不仅是政府和企业的责任，更需要全社会共同参与，需要广大高中生从我做起、从小做起。"双碳"行动是倡导绿色、环保、低碳的生活方式，是当前的热点问题。践行绿色低碳生活方式，可以有效提升学生的生态意识与环境意识。

议题 1：正确使用抗生素（23 分）

问题设置：你知道什么是抗生素吗？抗生素有什么作用？

评价建议：抗生素是微生物在生命活动过程中产生的代谢产物（1 分），主要用于细菌感染性疾病的治疗（1 分）。

问题设置：你知道哪些常用的抗生素？

评价建议：常用的抗生素有青霉素、链霉素、红霉素、庆大霉素、卡那霉素等。满分 2 分，能答出 1 种给 1 分，超过 1 种给 2 分。

问题设置：抗生素能用于治疗感冒吗？

评价建议：对于大部分感冒，服用抗生素无治疗效果（2分）。研究发现，80%的感冒是由病毒感染引起的，10%是由细菌感染所致，10%是由其他原因导致的，只有第二类感冒才能用抗生素治疗（2分）。在病毒性感冒的发病过程中，由于免疫力下降，人体会出现局部细菌感染造成咽痛等不适症状，可以服用抗生素以减轻不适症状，但对感冒病程的缩短无明显作用（2分）。

问题设置：不正确服用或滥用抗生素有何危害？

评价建议：抗生素针对的是细菌感染，乱用抗生素不仅会造成浪费（1分），还会增加药物不良反应（1分）和抗生素耐药的风险（1分）。所以，生病不能乱用抗生素，只有明确是由细菌感染，才适合用抗生素治疗。

问题设置：对于合理使用抗生素，你有哪些建议或提醒？

评价建议：服用抗生素应遵医嘱（2分）。部分抗生素在使用过程中可能出现过敏现象，应告知医生自己的抗生素过敏情况或在检测后使用抗生素（2分）。在诊断明确疾病并选择抗生素后，用药方法的选择也十分重要。口服抗生素最安全和方便，但见效较慢；静脉注射抗生素不太方便且有一定风险，但见效较快；肌肉注射抗生素的安全性、方便性、作用效果介于口服和静脉注射之间（2分）。抗生素剂量和使用时间合适，才能使感染部位的细菌生长被抑制，因此不要随意增减药量，不要随意增加或减少用药时长（2分）。不要盲目选择价格贵、见效快的抗生素，应根据致病原因理性选择（2分）。

议题2：辨别增高广告（23分）

问题设置：你知道人类身高增长的3个关键期吗？

评价建议：一般而言，人类有3个身高增长关键期，即1周岁左右（1分）、4～6岁（1分）、13～18岁（1分），这3个时期被称为发育猛增期。

问题设置：儿童身高由哪些因素决定？

评价建议：儿童身高由多种因素决定。其中，遗传因素（1分）占60%～80%，合理的营养（1分）、充足的睡眠（1分）、适度的运动（1分）等因素也起到很大促进作用。

问题设置：市场上出现了一款"儿童成长奶粉"，宣称可以让孩子身高每年增长5～7厘米。你如何评价该产品？

评价建议：该"儿童成长奶粉"的宣传属于偷换概念（2分）。在儿童生长发育期，只要保证充足的营养，一般孩子会遵循正常规律长高生长。有的儿童在发育期一年的身高增幅还会远远超过5～7厘米，这与是否吃成长奶粉没有必然的因果关系（2分）。各种合格的奶粉产品都能促进儿童长高，因为乳制品含有钙、磷、铁、镁、锌等元素，以及蛋白质、维生素等营养物质，而这些对儿童长高是不可或缺的（2分）。

问题设置：有些长高药物声称产品中添加了"生长激素"，生长激素有什么生理作用？你怎样评价这一类药品？

评价建议：生长激素是由人体脑垂体分泌的一种肽类激素，由191个氨基酸组成，能促进骨骼、内脏和全身生长，促进蛋白质合成，在人体生长发育过程中起着关键性作用（2分）。对于因生长激素缺乏所致的儿童矮小症，使用生长激素具有一定的疗效。矮小症患者只有经过医院的专业检查诊断，确定是生长激素缺乏所致，才能使用此类药物（2分）。生长激素是处方药，必须注射使用，所以市场上添加了"生长激素"的药物不可乱用（2分）。

问题设置：如果小孩身体很矮，应如何处理？

评价建议：人的身高是遗传和环境共同作用的结果。如果小孩矮小，应去医院检查，依据原因进行处理（2分）。此外，在青少年时期适度增加营养，进行适量锻炼，都能够促进孩子长高（2分）。

议题3：远离毒品（23分）

问题设置：什么是毒品？

评价建议：毒品是指鸦片、海洛因、甲基苯丙胺（冰毒）、吗啡、大麻、可卡因以及国家规定管制的其他能够使人成瘾的麻醉药品和精神药品。毒品通常分为麻醉药品和精神药品两大类，其中常见的主要是麻醉药品类中的大麻、鸦片和可卡因（3分）。

问题设置：使用毒品有哪些危害？

评价建议：毒品的危害主要表现为以下几种：①长期吸毒会导致患者出现中毒的症状，如嗜睡、感觉迟钝、运动失调以及定向障碍等（2分）。②如果突然停用毒品，患者会出现戒断反应，引起各种并发症，严重时会导致吸毒者死亡（2分）。③吸毒者往往会出现精神障碍，如出现幻觉和丧失人格等（2分）。④由于静脉注射毒品常常会带来并发症，常见的有乙肝、艾滋病、梅毒等感染性疾病（2分）。⑤吸毒会对家庭、社会造成巨大的危害，可导致家庭破裂，社会财富的巨大损失和浪费，甚至还会扰乱社会治安，给社会安定带来威胁（2分）。

设置问题：你知道有哪些常见的戒毒方法？

评价建议：目前常见的戒毒方法有三种：①自然戒断法。强制中断吸毒者的毒品供给，仅提供饮食与一般性照顾，使其戒断症状自然消退而达到脱毒目的（2分）。②药物戒断法。给吸毒者服用戒断药物，以替代、递减的方法，减缓、减轻吸毒者戒断症状的痛苦，逐渐达到脱毒目的（2分）。③非药物戒断法。采用针灸、理疗仪等治疗手段，以减轻吸毒者的戒断症状反应的一种戒毒方法。其特点是通过辅助手段和"心理暗示"的方法来减轻吸毒者的戒断症状痛苦（2分）。

设置问题：如果请你设计一份针对高中生的校园禁毒海报，海报内容可以包括哪些要点？

评价建议：禁毒海报的设计可以包含以下内容：毒品类型、毒品危害、如何自我保护、正确面对挫折、远离毒品等（4分，答出2点给2分，超出1点加1分，最高4分）。

议题4：认识并参与环境保护（31分）

问题设置：地球是人类唯一的共同家园。由于人类活动等多种原因，我们的家园，出现了很多全球性的生态环境问题。你能列举一些吗？这些问题对我们有什么危害？

评价建议：目前全球性生态环境问题主要包括全球气候变化、水资源短缺、臭氧层破坏、土地荒漠化、生物多样性丧失以及环境污染等（2分）。这些全球性生态环境问题对生物圈的稳态造成严重威胁，并影响人类的生存和发展（1分）。

设置问题：你知道什么是"双碳"吗？"双碳"有什么意义？

评价建议：2020年中国政府宣布，力争2030年前二氧化碳排放量达到峰值，努力争取2060年前实现碳中和目标，"双碳"是"碳达峰"与"碳中和"的简缩合称（2分）。"双碳"目标彰显了中国积极应对气候变化、走绿色低碳发展道路、推动全人类共同发展的坚定决心（2分）。

设置问题：我国政府积极倡导生态文明建设。作为高中生，我们可以从哪些方面参与其中？

评价建议：作为高中生，要从我做起，积极投身到生态文明建设中。例如，我们要做到绿色出行，尽量骑自行车或步行出行（2分）；要节约用电，使用节能灯泡照明，随手关灯，休息时关闭电脑，夏天空调温度不要设置太低，根据能耗标识选用能耗低的电器

（2分）；要避免浪费，纸张双面使用，尽量少用塑料袋、纸杯、木筷等一次性用具（2分）；要爱护植物，积极参与植树造林（2分）。对于节能环保的绿色生活方式，我们不仅要深入理解，身体力行，还要广为宣传，使之成为全社会的共识（2分）。（其他合理表述也可，每答出一点给2分，最高10分）

设置问题：为什么说绿水青山就是金山银山？

评价建议：绿水青山和金山银山，是对生态环境保护和经济发展的形象化表达，深刻揭示了保护生态环境就是保护生产力、改善生态环境就是发展生产力（2分）。绿水青山既是自然财富、生态财富，又是社会财富、经济财富（2分）。绿水青山是人民幸福生活的重要内容，胜过金山银山（2分）。树立和践行绿水青山就是金山银山的理念，要正确处理好经济发展和生态环境保护的关系，让绿水青山颜值更高、金山银山成色更足，让人民在绿水青山中共享自然之美、生命之美、生活之美（2分）。

设置问题：某同学发现学校池塘水体出现变黑、发臭的现象，你觉得该如何解决这个问题？

评价建议：先找出变黑、发臭的污染物（2分），然后根据污染物的种类找出污染源，并能提出如控制污染源、引入其他生物、增加新的水源等措施（2分）。进行污染治理时要考虑成本以及技术的可行性等（2分）。

2. 调查结果

根据网上问卷和现场问卷访谈的调查结果，课题组按参加学考的学生和参加选考的学生两类调查对象，分别对四个议题进行分数汇总，结果取平均分。调查结果见表1-1。

表1-1　四个议题的调查结果

学生类别	分值				
	议题1	议题2	议题3	议题4	总分
学考学生	10分	11分	13分	21分	55分
选考学生	17分	16分	16分	26分	77分

3. 分析与结论

根据调查结果，课题组分析了当前高中生社会责任素养发展水平的特点和出现这些现象的原因。

（1）特点。

①选考学生的社会责任素养发展水平显著高于学考学生。

②从课程标准学业质量水平一、水平二、水平三再到水平四，随着素养要求的不断提升，学生的得分情况逐渐下降。

③理论知识得分率显著大于实践行动设计的得分率。

（2）出现上述现象的原因。

①生物学知识背景的差异。选考学生经过三年系统的生物学知识学习，不仅学习了必修模块的内容，还学习了选择性必修模块的内容，而学考学生只进行了一年的生物学知识学习，只学习了必修模块的内容。选考学生的生物学知识背景明显高于学考学生，这使得选考学生在面对上述生物学社会议题时，能更好地从生物学知识的角度进行分析和解答。

②思维练习的差异。选考学生在长期的生物学学习中进行了大量的练习，这些练习经常会涉及上述生物学热点问题，学生对于如何解答这一类议题有了一定的经验，因此作答情况明显更好。

③理论与实践的差异。在校学习期间，学生对于学习理论知识投入的时间更多，参与实践行动的时间和机会不足，难以将理论知识与实践行动相结合。

（二）课堂教学现状

我国重视学生核心素养的培育，对学生社会责任素养的培育一直是教育的热点问题，是教师研究的重要方向。但一线教师往往认为"社会责任"就是态度和意愿的培养，忽视了它是一种高度依赖学习过程的综合能力，在课堂教学中存在培育形式化等问题。具体来说，有以下几个方面：

1. 社会责任素养的培育缺乏丰富的资源

教师是学生发展的"第一资源"，教师在课堂中所发挥的"主导""组织""创设""评价"等作用，更凸显了教师在课堂教学的重要作用。发展学生的社会责任素养，教师不仅要善于挖掘"社会责任"的内涵，组织教科书内容和社会资源，设计恰当的教学环节，创设合理的真实情境，在课堂上发展学生的社会责任素养，甚至教师还需要通过课后组织辩论、开展社会实践活动等方式来提高教学效果。以上措施都对教师提出了更高、更新的要求，只有全面提升教师个人素养，才能更好地实现学生的培养目标。但在实际调查中发现，部分教师可能在意识上不够重视，或者在能力上略显不足，在开发社会责任素养培育资源方面还有较大的提升空间。

生物学中很多知识可以应用于现实生活，解释生活中的实际现象，它的课堂本该充满活力与生机。但是，部分教师所使用的教学资源仅限于教科书，且对教科书中的素材缺乏挖掘，导致出现照本宣科式的教学方式，既难以激发学生的学习兴趣，也就难以起到良好的教学效果。实现课程目标，发展学生的社会责任素养需要充分发掘资源，既要考虑学生的学情，又要用好教科书中的典型案例、科学史等内容，还要用好学校的软硬件设施，充分挖掘校内及学校所处地域的特色资源等。只有充分拓展课程资源，尝试生物学课堂教学根植于真实情境，才能还生物学课堂一片生机，更好地发展学生的社会责任素养。

2. 社会责任素养的培育缺乏实践性

课程标准明确指出："社会责任"是指基于生物学的认识，参与个人与社会事务的讨论，做出理性解释和判断，解决生产生活问题的担当和能力[1]。这一定义明确指出，对社会责任素养的评判，不止于对"社会议题"的解释和判断，更高的层次是具有"解决生产生活的能力"。当前部分教师对实践操作能力的重要性认识不足，观念没有转变，甚至认为实践操作费时费力，没有必要，生物学课堂教学重理论轻实践的现象普遍存在。在生物学课堂中重视实践能力的培养，让学生知道如何去搜集资料、设计方案、动手操作、实地调查，是非常有必要的。

3. 社会责任素养的培育缺乏系统性

社会责任的培育不是一夕之功，只有系统地、持之以恒地培育才能筑牢根基，发展学生的社会责任素养。在教科书编写过程中，编者将大量与社会责任素养培育有关的内容分散在不同的模块和章节，以求能够在教学中潜移默化地对学生发挥影响。但在生物学课堂的实际教学中，较为零散的内容编排不利于系统地、有较强针对性地发展学生的社会责任素养。同时，在生物学课时数量少、教学任务重的现状下，很多教师将教学内容局限于主干知识，而不愿意去发现和挖掘教科书中的相关素材，这也影响了在教学中

---

[1] 中华人民共和国教育部.普通高中生物学课程标准（2017年版2020年修订）[M].北京：人民教育出版社，2020：5.

对学生社会责任培育的效果。在实际操作中，生物学课堂上对社会性议题的讨论，往往受限于课时概念和原理单一性的制约，在有限且任务明确的课时中，想要弄清楚其来龙去脉，分析不同观点的出发点和对错，通过热烈的讨论和争论达成共识，往往是比较困难的。

4. 社会责任素养的培育缺乏能动性

当前考试的现状也导致学生社会责任素养的培育在课堂中不受重视。社会责任素养与其他生物学学科核心素养相比，对人生发挥效应往往是延迟的、外显的。尽管社会责任素养的培育对学生未来的健康生活、社会适应、公民意识等都有很大作用，但从考试的现状来说，难以对其进行切实而有针对性的考查。新高考改革提出了"引导教学"的目标，强调高考要重视对核心素养的考查，但在实际考查中，教师往往更加重视对"生命观念""科学思维"和"科学探究"核心素养的考查，对学生社会责任素养的考查往往流于表层。说是考查，不如说是"渗透"，即便是考查了社会责任，学生也会趋利避害地进行作答，并不会影响考试的分数。因此，教师课堂教学和学生学习的"功利化"倾向依旧突出，如何加强课堂社会责任素养的培育，需要在评价引导上有更多的措施。

我国自古讲究"家国天下"，"社会责任"正是生物学课程所蕴含的"家国天下"的育人价值，呈现鲜明的生物学学科特色。"社会责任"对个人成长、社会发展至关重要。实际调查和研究发现，学生社会责任素养的发展程度与生物学课程学习水平显著相关。缺乏丰富的教学资源，缺乏实践性、系统性的教学举措等多种因素导致社会责任素养的课堂培育现状参差不齐，亟需提升。

第2章
理论与依据

发展学生的社会责任素养是生物学教学的重要任务。为实现这一目标，教师需要深入研究社会责任的内涵，明确社会责任的发展层次，探索发展社会责任的理论依据，拓展社会责任的培育途径。立足生物学课程发展社会责任素养，离不开超越课时教学的、以整合性的真实情境统领的单元整体教学。单元整体教学强调学科内容的结构性和关联性，是发展社会责任素养的坚实理论依据，单元整体教学的开展有利于学生社会责任素养的发展。

一、社会责任的内涵

社会责任不仅是我国学生发展核心素养的组成部分，也是各学科课程的共同指向。根据本课题的研究方向，课题组所表述的社会责任内涵，侧重于在单元教学中开展的社会责任内容维度，以及学生社会责任素养发展的层次目标。

（一）社会责任的内容维度

学科核心素养是学科育人价值的集中体现，"核心素养为宗旨"是高中生物学课程的基本理念。生物学学科核心素养包括生命观念、科学思维、科学探究和社会责任，其中社会责任是一个人在社会生活中品格、能力外显的途径。社会责任的实现，离不开另外三者的支撑，社会责任是其他三者与社会、生活建立联系的连接点，是核心素养在社会生活中外显的衔接点。核心素养的四个方面构成一个整体，共同体现生物学学科的育人价值。社会责任是跨学科的素养，其包含的内容丰富多样。结合高中生物学的学习内容，教师可以从四个维度发展学生的社会责任素养。

13

1. 社会参与

随着信息时代的到来，人们接受时事新闻的途径多而繁杂，每天都有不同的热点充斥着人们的眼球。地沟油、转基因食品、毒胶囊、塑料大米、三聚氰胺……均是21世纪影响世界的热点事件，而这些热点事件与生物学学科联系密切。其中一些引起人们怀疑，一些引起民众惊慌，一些更是激发群众愤怒之火。作为一名高中生，应当具备一定的生物学学科核心素养，面对社会上各种与生物学相关的热点话题，切忌不辨是非、人云亦云，也不能一副事不关己、高高挂起的态度。通过学习生物学，学生应关注社会，主动参与社会事务的讨论，能够利用所学生物学知识，从科学的视角出发，辩证、理性地审视这些热点话题的真伪，并积极主动帮助身边群众辨清迷信与伪科学言论，避免造成不必要的恐慌；对于不法商家利用生物科技谋取私利、危害群众的现象，能呼吁人们勇敢维权，坚决抵制。学生通过参与社会热点议题的讨论，感受到自身是可以为他人、为集体、为社会贡献出自己的力量的，并且能够从中获得认可与赞许，从而提升自己参与社会的意识和承担社会责任的能力。

2. 保护环境

"保护环境，人人有责""爱护环境，从我做起"是学生耳熟能详的宣传语。通过学习生物学学科，尤其是对《生物与环境》这一模块的学习，学生能发展保护环境的社会责任。学生应该认识到地球是人类赖以生存的唯一家园，认识到保护环境的重要性与急迫性，进而形成环保意识，开展环保行动。学生应当明白，人与自然和谐共生，保护生态环境就是保护人类，就是造福人类。人们必须尊重自然、顺应自然、保护自然，还自然以宁静、和谐、美丽；坚持绿水青山就是金山银山理念，坚持绿色生活方式，积极参与建设"美丽中国"行动。学生还要理解，自然生态系统的调节能力有限，人类活动不可超越大自然的承受范围，一切生物的存在都离不开良好的环境，保护环境即是保护人类自己。在内心认同保护环境重要性的基础上，学生要积极进行环保宣传，让更多的人参与环境保护；要积极实践，主动参与生态文明建设，如主动保护和净化环境，自觉参与垃圾分类，不使用和少使用一次性物品，用可重复使用的无纺布袋代替塑料垃圾袋；要做到绿色出行，绿色消费，主动建议家长购买节能家电，为环境保护尽一份力；要主动参与当地生态环境的调查，利用所学生物学知识发挥自己的智慧，为当地环境保护活动建设献计献策，提出科学、有效、可操作的环保措施并积极向有关部门反馈。

3. 科学实践

生物学是一门与日常生活、生产密切联系的自然学科。生物学知识源于生活，也应当运用于生活，服务于社会。通过学习生物学学科，学生应能够利用在课堂上获得的理论知识，进行生物科学实践，进而解决生活实践中出现的问题，达到学以致用的目的。学生在实践过程中，深刻体会到学习生物学知识，不仅是为了应付考试而存在，还可以帮助人们解决实际问题，以更好地生活和生产。在利用生物学知识解决实际出现的问题时，学生能够获得成就感，也能感受到知识的力量，体验到生物学知识在日常生活中起到了不可替代的作用。

4. 珍爱生命

生物学不是一门刻板的学科，它是有鲜活生命的。在学习生物学的过程中，我们认识到了多姿多彩的生命世界，除了人类自己，动物、植物、微生物都是具有生命的，每个生命体的存在都是大自然馈赠的礼物，人类没有主宰地球上其他生命的权利。教师可以帮助学生树立善待生物、珍爱生命的社会责任意识。学生在学习高中生物学知识后，逐步了解生命的起源、遗传、进化……从生物科学的视角去认识生命世界的本质，感叹生命来之不易，领悟生命的真谛，懂得关爱他人、珍爱生命是对生命最基本的尊重。学生在认识到生命的可贵之处时，能够主动引导身边人积极健康地生活、远离不良生活习惯、宣传正确预防疾病的有效措施等，并利用所学知识为家人量身定制健康生活的膳食和合理的作息时间表，将文明健康的生活方式践行到底。

（二）社会责任的发展层次

学生在生物学课堂中通过学习来发展核心素养的过程是持久的、循序渐进的，社会责任素养的发展不可能一蹴而就，需要在生物学概念的建构过程中逐渐形成，在生物学相关的社会议题讨论中逐渐明晰，在丰富的实践活动中不断深化。社会责任的发展具有梯度性，可以划分为意识、能力、行为三个层次。其中意识是情感动力，能力是基础，行为是认知和情感的实践呈现。

1. 意　识

面对生物学相关的社会议题，学生能够发现议题中的生物学要素，主动对这些议题产生兴趣并加以关注，而非认为事不关己。面对某些正确的生活方式或理念，学生能够支持和认同：认同健康文明的生活方式，珍爱生命；了解传染病的危害与防控知识，认同戴口罩、接种疫苗等防疫措施；认识到环境问题的紧迫性和复杂性，认同环境保护的必要性和重要性，认同绿水青山就是金山银山的理念，认同地球是人类唯一的家园；等等。面对某些错误的做法，学生也要有鲜明的反对态度：不认同某些关于身体增高的虚假广告；反对奢侈浪费；反对不健康的生活方式等。

2. 能　力

社会责任作为学生个人在社会生活中品格、能力的外显，其建立在丰富的生物学知识基础之上。社会责任基于人们对生物学知识的认知，不具备必需的生物学知识和方法，人们就难以辨别各种生物学社会议题的正误，更难以解决真实情境中的实际问题。例如：不知道生态系统中不同成分的作用，就难以意识到保护生物多样性的重要意义；不理解内环境稳态的相关知识，就难以去驳斥"碱性水"等虚假广告；不了解毒品的作用机理和危害，就难以坚决远离和拒绝毒品等。另外，学生还要具有去伪存真、明辨主题、辩论驳斥、宣传发动、设计方案、推动执行等一系列能力。

3. 行　动

在有了高度的责任意识和能力的基础上，将社会责任再呈现为实践行动，是社会责任高层次的体现，即价值外显。例如：在环保方面，不仅要参加环保实践行动，还要主动宣传绿色环保理念，用自己的力量带动更多的人参与。认同环境保护的必要性和重要性，如果不能采取具体的行动，就难以呈现生物学的育人价值；信息时代人们接受时事新闻的途径多而繁杂，每天都有不同的热点充斥着人们的眼球。与生物学学科相关的议题，既有真相，也有谣言，有些谣言无关痛痒，有些谣言则可能造成严重的不良后果。作为一名具有生物学学科素养的高中生，要能够基于生物学的基本观点，辨别迷信和伪科学，能够用所学知识去解释和传播正确理念，并积极主动帮助身边群众去辨清迷信与伪科学言论，避免造成不必要的恐慌；根据健康生活的知识，制订适合自己的健康生活计划，关爱家人，改变他们不健康的生活方式。

二、社会责任与生物学概念

生物学学科内容以大概念、重要概念等主干知识为依托进行结构化设计，课程的模块内容聚焦大概念，精简容量、突出重点。基于大概念展开，进一步形成了具有学科逻辑、符合高中生认知特点的重要概念和次位概念，搭建起课程的内容框架。

（一）生物学大概念

"内容聚焦大概念"是生物学学科的基本理念之一。生物学必修课程和选择性必修课程内容要求中，共呈现了 10 个大概念。这些大概念构成了生物学课程的内容框架和逻辑体系，是本课程所特有的需要逐一落实的教学要求和内容主线，其包含了原理、法则、规律、理论与学说等内容。例如：大概念"细胞是生物体结构与生命活动的基本单位"包含了细胞学说的内容；大概念"遗传信息控制生物性状，并代代相传"包含了基因的分离定律、自由组合定律、中心法则及遗传学理论等内容；大概念"生物的多样性和适应性是进化的结果"包含了达尔文学说与进化理论的内容。

（二）生物学重要概念

重要概念是指在学科中占重要地位，具有持久的价值和价值转移的关键概念、原则或方法[1]。在课堂教学中，教师需要以具体的事实性知识为基础，帮助学生将其概括为抽象的重要概念和大概念。为支持教师开展概念性知识的教学，课程标准的内容要求采用了"大概念""重要概念"和"次位概念"的陈述方式。以高中生物学选择性必修模块《生物与环境》为例，部分大概念、重要概念、次位概念展示如下：

概念2 生态系统中的各种成分相互影响，共同实现系统的物质循环、能量流动和信息传递，生态系统通过自我调节保持相对稳定的状态（大概念）

2.4 人类活动对生态系统的动态平衡有着深远的影响，依据生态学原理保护环境是人类生存和可持续发展的必要条件（重要概念）

2.4.1 探讨人口增长会对环境造成压力（次位概念）

其中，一级数标记的是大概念；二级数标记的是重要概念，是对大概念的支持和具体描述；三级数标记的是次位概念，是形成重要概念和大概念的基础[2]。本研究涉及的重要概念是以课程标准内容作为研究范畴，对生命基本规律、现象、理论等的理解和解释。

---

[1] 王祖浩.化学教育心理学［M］.南宁：广西教育出版社，2007.

[2] 刘恩山，曹保义.普通高中生物学课程标准（2017年版）解读［M］.北京：高等教育出版社，2018：40.

我们认为重要概念有丰富的内涵，是在经验和事实的基础上，对次位概念与次位概念之间的关系加以抽象概括的；是联系与整合次位概念的概念；是超越具体的知识和技能，能够在新情境中迁移运用的。重要概念具有生活价值，能够"向上"提炼大概念、"向下"统领次位概念、"向内"连接平行概念和"向外"解释实践经验。重要概念不仅是连接生物学课程知识与生物学学科核心素养的中介，还能够较好地统摄与整合学生在关键能力、必备品格和基本价值观念等多个方面的发展。简言之，重要概念是在多个次位概念的基础上概括而成的，并对大概念的建构具有支撑作用的概念体系，是抽象概括出来的具有联系整合作用并能广泛迁移的概念。

生物学重要概念应符合如下标准：①重要概念能够组织和检测大量的现象和数据；②重要概念具有丰富的内涵，在教学中可以包含各类情境下的实例，适用于日常生活中常见的情况，以及运用于科学现象的解释、概括和推论；③重要概念可以用于组建大概念，还可与其他学科的概念结构建立联系；④通过学习重要概念，学生能发展具有生物学学科特色的认知技能和逻辑思维，进一步发展生命观念等生物学学科核心素养；⑤重要概念能展现当代生物学的主要观点和思维，表达了生物学在人类的知识领域中所占有的一席之地。

（三）生物学概念的建构是发展社会责任的基础

素养发展的需要依赖于认知的提升。长期以来，生物学课堂过于注重知识的传授，死记硬背成了许多教师教学的常用手段。有的教师忽略教学内容中生动的引入、案例分析、探索实践，取而代之的是总结精简为若干知识点，让学生记忆背诵。

以知识传授为主要教学目的的高中生物学课堂，存在着诸多弊端：①当今科技发展日新月异，人们正处于一个知识爆炸、知识快速更新的时代，靠死记硬背获得的诸多知识，很快就会过时，不利于学生的可持续发展；②过于注重知识的传授，学生学习的主体性和主动性难以发挥，很难引起学生的学习兴趣，从而使学生的探究精神、创新意识和动手实践能力受到限制；③过于强调知识点的背记，使生物学教科书中的众多情境设计、探究问题的教学价值大打折扣。正如华东师范大学周彬教授所说，当学生不为问题解决而学习知识，不为疑惑的解答而掌握知识时，学生对知识的学习就变成了练习。虽然这样也会锻炼学生的思维能力和逻辑分析能力，但这些能力只是囿于纯粹的知识层面，无法与别的学科知识相关联，无法与生活实践相关联，剩下的就是用这些纯粹的知识来解答相应的学科题目。这就演变成了一种现状，即学生掌握的知识不少，解题水平也很高，但到了学科知识的整合阶段，到了学科知识在生活实践中的创新阶段，他们就变得束手无策了[①]。

从高中生物学的学科认知来说，教学活动不应仅仅停留在让学生记住一些零散的生物学事实的层面上，概念的建构是更本质和核心的。生物学重要概念是通过对众多生物学事实的抽象与概括而形成的对生物学问题的本质认识或看法，包括了对生命基本现象、规律、理论等的理解和解释，对学生学习生物学及相关学科具有重要的支撑作用。为了提高学生的学科认知，有效的途径就是在生物学问题的引领下，基于生物学事实帮助学生建构概念，这一过程强调学生学习的过程是主动参与的过程，让学生积极参与动手和动脑的活动，进而形成一个结构良好的生物学知识体系，加深对生物学概念的理解，提升应用知识的能力，培养创新精神。同时，这种知识体系不是事实和一般概念的简单叠加，而是一种规律性认识，能给学生提供认识和理解生命世界的不同视角，提升学生对生命世界的理解力，还具有迁移和应用价值，有助于他们在未来生活中遇到新情境时解决相关的问题。

综上所述，生物学概念的建构有助于学生了解生命的本质，构建生物学知识的框架，提升他们对生物学的认知，从而更好地基于这种认知去理性判断议题、解决现实问题、发展社会责任素养，从而促进个人不断地成长和发展。

三、发展社会责任的理论基础

人本主义理论、道德教育理论、建构主义理论、最近发展区理论、STSE教育理论、情境认知理论、"总—分—总"式单元整体教学理论等为本课题的研究提供了有力的理论支撑。

（一）人本主义理论

人本主义强调人的自我实现，代表人物是马斯洛（A. Maslow）。人本主义理论主张

---

① 周彬.指向核心素养的课堂转型研究［J］.教师教育研究，2018（2）：94-99.

关注人的高级心理活动，如热情、信念、生命和尊严等。在教学目标上主张知情统一，教学的过程不仅注重知识的学习，还要求有情感的渗透，主张有意义地学习，在知识发展的同时，行为、态度和人格也能够获得发展。在教学上以学生为中心，尊重学生的情感和意见，关注学生各方面的发展[①]。人本主义理论告诉我们，教师要以学生为本，促进学生在知识、认知和情感方面的全面发展，让学生成为更加"完善"的人。

（二）道德教育理论

道德教育理论的代表人物是卢梭（J. Rousseau）。他指出，道德教育的根本目的在于培养爱国公民，增强他们对国家和民族的责任感，期望儿童与少年能回归自然本性，能够在每个时期掌握相应的国家社会知识，承担社会责任，努力成为具有极强社会责任感的爱国公民[②]。道德教育理论告诉我们，在生物学课程中要渗透道德教育，着力发展学生的社会责任。

（三）建构主义理论

皮亚杰（J. Piaget）认为，知识既不是来源于主体，也不是来源于客体，而是在主体与客体之间相互作用的过程中建立起来的[③]。一方面，新经验要基于原来的经验才能获得意义，以便与原来的经验结构相融合，就是同化的过程。另一方面，原来的经验也因为新经验的融入而发生一定的变化，使原有经验得到丰富、调整和转化，即原有经验的顺应过程，这就是双向的建构过程。据此，发展学生的社会责任素养，教师就应当鼓励学生积极参与社会议题的分析、讨论，创造条件支持学生的社会实践和社会参与。

（四）最近发展区理论

维果茨基（L. Vygotsky）指出儿童有两种发展水平：一种是实际发展水平，即独立解决问题的能力；一种是潜在发展水平，即在成人指导或同伴帮助下所能达到的解决问题的能力[④]。这两种水平之间的差异就叫最近发展区。在教学中，教师可在学生已有的社会

---

① 李嘉曾."以学生为中心"教育理念的理论意义与实践启示[J].中国大学教学，2008（4）：54-56.

② 邓娟娟.卢梭与涂尔干道德教育理论比较及启示[J].西安建筑科技大学学报（社会科学版），2018（4）：13-19.

③ 吴志华，王思游.最近发展区理论下的学生实践能力发展及活动教学模式构建[J].教育理论与实践，2018（8）：44-46.

④ 李维东.皮亚杰的建构主义认知理论[J].中国教育技术装备，2009（6）：18-20.

责任感水平上，提供一些有效的材料，寻找一些适于发展社会责任的策略，创造一个又一个"最近发展区"，增强学生的社会责任。

（五）STSE教育理论

STSE（Science、Technology、Society、Environment）教育思想是对STS（Science、Technology、Society）教育思想的延伸，在原有基础上增加了环境教育。这使学生在学习科学知识的同时了解科学、技术和社会之间的相互关系，以及人与环境之间的关系[①]。STSE教育能够全面正确地看待科学、技术、环境和社会发展相互影响的问题，能正确对待科学技术的社会化问题，合理协调科学技术与社会、环境之间的关系，使科学、技术、社会与环境协调发展，这正是生物学社会责任的一个重要内容。

（六）情境认知理论

情境认知理论认为，学习的实质是个体在真实的活动中，通过与他人、环境相互作用，掌握技能、发展能力、获取知识的过程[②]。情境认知与学习是在自然情境下对认知进行的研究，认知过程的本质是由情境决定的，情境是一切认知活动的基础。知识与情境相辅相成，知识不能脱离情境。学习具有情境性、实践性，通过真实的事件加强学生对问题解决的责任，进而更关注问题，分析解决问题。因此，在高中生物学课堂中情境教学能发展学生的社会责任，体现情境认知学习理论的理念。在教学过程中，教师结合学生已有的生活经验创设真实情境，并鼓励学生运用知识以解决生活生产问题，这有利于学生建构知识，提升学生解决问题的能力。

（七）"总—分—总"式单元整体教学理论

崔允漷认为，整合论教学超越了内容层面原子论与经验论的对立，能够在育人目标的统领下较好地整合知识与经验、生活与学科、知与行之间的关系，符合深度教学的逻辑。单元教学是整合论这一教学逻辑的重要实践取径，主要包括教育技术、建构主义、整合课程三种思路[③]。周初霞等提出，以生物学重要概念为单元主题，以教学导航的样式

[①] 陈冲，谭晓明.我国现阶段中学生物学科STSE教育研究现状[J].赣南师范学院学报，2014（3）：106-110.

[②] 刘革，吴庆麟.情境认知理论的三大流派及争论[J].上海教育科研，2012（1）：37-41.

[③] 崔允漷.深度教学的逻辑：超越二元之争，走向整合取径[J].中小学管理，2021（5）：22-26.

设计"总—分—总"式单元学习图谱，可以帮助学生形成"整体感知—部分剖析—整体反思"的思维方式，自我计划单元学习内容与过程，转变碎片化和浅表化学习的现状，走向深度学习，发展整体观念，提升核心素养[1]。

"总—分—总"式单元整体教学包括三个阶段：整体分析——总、课时实施——分、整体反思——总。

整体分析是教师进行课堂教学的一系列前置准备，以实现对单元教学内容的整体把握，形成单元教学思路。整体分析的主要内容包括：①厘清单元教学相关的生物学大概念、重要概念、次位概念，以大概念为指导，以重要概念为核心，以次位概念为支撑，整合单元教学内容；②根据单元教学内容，教师确定单元教学的教学目标和学生学习目标，确定教学核心问题，设计问题串和问题环，搜集单元教学相关资源，构建真实有效的课堂情境，设计单元教学评价任务，构建单元教学学习图谱；③学生根据单元教学图谱，确定学习内容和目标，寻找合适的学习方法策略，进行小组分工合作、活动准备等。

课时实施是单元教学的关键步骤。教师对单元教学内容进行分解，形成一系列相关联、逐层递进的课时教学任务。在进行课时实施时，创设真实情境，完成任务指引，进行问题驱动，通过活动落实，评价促进发展。在学习过程中，注重生物学学科核心素养的落实发展，以事实→概念→观念的脉络形成生命观念，发展科学思维，学会科学探究，深化社会责任。

整体反思是单元教学的深化，也是课堂教学的延续。教师要引导学生构建思维导图，形成知识和概念的整体框架，弄清知识的内在脉络，将生物学知识内化，发展核心素养。学生还要在形成概念的基础上，创新概念与观念，实现知识方法概念在新情境中的迁移应用。教师还可以布置一系列活动、调查、研究等实践任务，让学生的素养在实践中进一步提升，并解决生活中面临的真实问题，体现生物学核心素养的育人价值。

四、社会责任与单元整体教学

社会责任素养的发展离不开超越课时教学的、以真实的整合性现实情境或主题统领

---

[1] 周初霞，王红梅，李艳华.聚焦生物学重要概念的单元境脉架构[J].中学生物学，2021（7）：15-18.

第 2 章　理论与依据

的单元整体教学。单元整体教学强调学科内容的结构性和关联性，综合考虑生物学学科大概念、思想方法和学科探究模式的渗透。

（一）聚焦重要概念的单元整体教学的内涵

以单元的形式开展教学，是落实生物学学科核心素养、实现生物学学科育人价值的一种可行而有效的途径。以单元作为教学的基本单位，首先要界定单元的内涵：单元不是知识或内容单元，而是学习单位。崔允漷教授指出：学习单元由素养目标、课时情境、任务、知识点等要素组成，并按某种需求和规范组织起来形成一个有结构的整体[①]。单元可以"大任务""大观念""大问题""大项目"等名义为主题组织学习，使知识、技能、问题、情境、活动、评价等组织化和结构化，使之成为一个完整的学习故事。

因此，单元这个学习单位包含了如下要素：

（1）内容要素：素养目标、课时情境、课时任务、知识点。

（2）内在联系：上述内容不是孤立的，而是按照某种需求（如学习需要、发展需求）和规范形成的有内在完善结构的整体，是知识、技能、问题、情境、活动、评价的整合，学习故事完整、有序。

（3）主题呈现：单元教学不拘泥于特定的格式，按照发展学生素养的需要，可以"大任务""大观念""大问题""大项目"等灵活多样的形式组织开展。单元整体教学需要教师从系统的高度出发，合理确立并围绕单元主题，整合教学内容开展教学。

周初霞等认为：单元既是教师开展教学设计的基本单位，也是学生实现生物学学科核心素养的基本单位[②]。开展单元教学，应以重要概念为核心，因为大概念不是一个单元教学所能容纳的，次位概念的容量又稍显不足。课程标准所呈现的 31 个重要概念，作为连接事实和观念的桥梁，全面展示了当下生物学学科的发展现状，是高中生物学学科结构化知识的核心内容，无论从其重要性、必要性或是容量来看，均适宜作为单元教学的核心。以重要概念为核心，设计任务、问题、项目等作为单元主题的呈现形式，实现了内容和形式的统一。从社会责任素养培育的视角来看，这一模式更加具有导向性和针对性，更加能够激发学生的主体参与，从而更好地达成教学目标。

---

① 崔允漷.如何开展指向学科核心素养的大单元设计 [J].北京教育（普教版），2019（2）：11-15.

② 周初霞.聚焦重要概念的生物学单元教学理论与实践 [M].杭州：浙江科学技术出版社，2021.

（二）开展单元整体教学有利于社会责任的发展

单元教学设计是一种介于课程规划与课时教学设计之间的中观层面的教学设计[①]。指向学科核心素养的教学设计是以育人为本的教学设计，其着眼点需要从"教师的教"转变成"学生的学"，从学科教学转向学科教育。教学设计从"一个一个知识点"的课时教学，转向"在什么情境下运用什么知识解决什么问题或完成什么任务"的单元整体教学，从而帮助学生从碎片化的课时学习，走向结构化的知识学习[②]。单元整体教学的如下特点有利于学生发展社会责任素养。

1.学习内容"结构化"的整体布局有利于教学活动的开展

传统的课时教学讲授的是零散知识而非结构化知识。教师往往以课时为单位呈现一个个独立的基本概念、次位概念，剥离了概念之间的相关性，没有在基本概念、次位概念的基础上建构重要概念及大概念，并进一步提炼出生命观念和生物学观点。课时教学易使教师拘泥于具体内容的"就课论课"，缺乏对教学整体的把握[③]，易使学生的知识割裂，不利于形成一个完整的知识链条和结构体系，而且过多地关注知识与技能，忽略了情感态度和价值观的培养，不利于学生学科素养的发展[④]。

教师在教学中重视知识和结论的背诵记忆，忽略了知识结论在特定时期产生的历史背景和现实意义，也忽略了知识结论形成背后的探究过程。教师在教学中重视试题讲解分析，不注重知识之间的综合性和内在联系，常出现"只见树木，不见森林"的现状。教师在教学中重视套路化的答题模式，忽略了创新思维、批判思维的培养。生物学的学科价值在这样的课堂中无法呈现，无法起到发展学生核心素养的能力。在这样的课堂中所培养的学生，在遇到真实的复杂情境时，就束手无策，无从分析，知识迁移能力差，缺乏解决创新问题的能力和思维。正如周彬所指出的：当知识进入课程后，这些知识就脱离了产生时的情境和需要解决的具体问题，对学生来讲学习知识不再是解决问题，也不再是解答疑惑，而是为掌握知识而掌握知识，把原本知识所具有的对问题的探究、对疑惑

---

① 李润洲.指向学科核心素养的教学设计[J].课程·教材·教法,2018（7）:35-40.
② 崔允漷.如何开展指向学科核心素养的大单元设计[J].北京教育（普教版）,2019（2）:11-15.
③ 胡小勇.问题化教学设计——信息技术促进教学变革[M].北京:教育科学出版社,2006.
④ 季苹.如何落实三维目标?（一）——对教学"单元"的再理解[J].基础教育课程,2005（8）:18-22.

第 2 章　理论与依据

的探索功能抛弃了，这些能力就是我们常讲的学科知识的科学价值。[①] 因此，教师转变教学观念，开展单元教学，把识记的事实构成整体所需要的概括，以概念的形式呈现给学生，帮助学生基于事实性知识来主动建构概念，重视概念间的逻辑关系。单元教学有助于教师突破课时思维，能有效整合学科知识，提高学科内容的结构化程度；有助于教师从"长时段"整体筹划学科教学，注重学科整体组织化、结构化知识的建构，增强课时与课时之间的关联度。

2. 学生"主动学习"有利于学习效果的提升

单元教学转变了以往教学设计中注重"教师的教"而忽视"学生的学"的倾向，不再只是单纯地注重知识的传递。在课堂教学中，教师为学生提供充足的探索交流时间，使得学生主动实践、自主探究、合作交流等教学方式得以更好地落实，凸显学生的学习主体性，实现从"被动学习"走向"主动学习"。学生成为学习的主体，发挥学习的主人翁精神，其学习的动力、兴趣、效果都将得以提升。

学生"主动学习"不等同于"单独学习"，教师要采取措施促进学生的"主动学习"。一方面教师应在学生的学习过程中发挥引导、评价的重要作用。教师通过创设统领性的单元真实问题情境，提供相关学习资料，引导学生阅读、观察、提取信息，概括、关联、整合新旧知识，说明、论证、推导解决问题，从而建立新的概念知识结构。在新的问题情境中，教师引导学生进行分析、解释，推论、预测，设计、证明，进而解决新问题；在解决新问题的过程中，学生能自我评价、反思提升。另一方面，学生的分组、合作、探究式学习能改变陈旧的课堂形态，促进学生的合作交流，在团队中更好地促进学生的发展。

3. "发展素养"的目标定位有利于学科价值的体现

单元不是把教学内容碎片化地当作知识点来处置，而是有机地、模块式地组织与构成的[②]。单元教学倡导将教学内容置于单元整体内容中去把控，更多地关注教学内容的本质、蕴涵的学科思想以及学生素养的发展，对于转变教师过分关注具体知识点的倾向、拓展其教学视野以及提高教学效率等有重要作用。将教学设计置于整体论视域下进行考查，有助于解决传统教学设计的形式化、浅表化、碎片化等问题，有助于摆脱传统教学

---

① 周彬.指向核心素养的课堂转型研究[J].教师教育研究，2018（2）：94-99.
② 钟启泉.学会单元设计[J].新教育（海南），2017（14）：1.

25

设计的机械主义、科学主义、功利主义倾向。单元教学的高度组织性与系统性，将知识与情景紧密相连，将探究与能力相互衔接，将生物学事实与概念形成、生命观念的发展相互融合，在问题解决、观念形成的过程中，学生的社会责任素养能够得到充分发展。

单元整体教学的最终目标应聚焦到学生生物学学科核心素养的达成和发展。单元教学是"上接学科核心素养，下连知识点目标"的桥梁，有利于学生明确"为什么要学""学了有何用"以及"怎么用"，有利于学生建立学习内容与真实情境之间的联系。从而实现从"教师的教"转变成"学生的学"，从学科"教学"转向学科"教育"。基于单元教学真实情境，在解决单元核心问题的过程中，学生通过主动地应用生物学知识和思想方法进行复杂推理、系统探究、发散思维、批判性思考、创意设计，从而解决相对复杂的能力。他们的生命观念逐渐建立，科学思维逐渐发展，科学探究能力逐渐增加，社会责任逐渐建立，就是生物学学科价值的逐步呈现。

4."一体化设计""六要素"的设计路径能提高教学效能

单元整体教学设计要跳出学科的知识束缚，以发展学生生物学学科核心素养为价值导向，考虑学生素养的发展路径和学习进阶。也就是说，通过巧妙的设计，资源的整合，学生的发展途径更加优化，学习效果更加突出。

课时教学设计通常需要解决四个基本问题：一是要到哪里去，即通过解读课程标准和分析学习者来确定学习目标。二是通过什么路径到达目的地，即选择适合学生的学习内容，这就要求教师基于课程标准的内容创造性地组织教学内容。三是如何到达目的地，即选择合适的教学方法和手段。四是到达目的地的过程效果，即进行教学评价。

面对上述四个基本问题，单元整体教学设计要研究指向学科核心素养的单元学习目标，以"目标—情境—任务—问题—活动—评价"为单元教学主线，进行整体教学"六要素"一体化设计[①]。单元整体教学评价要以学科核心素养达成为导向，落实"以标施教"。单元整体教学设计的"六要素"框架如图2-1所示，整体呈现了结构化的单元整体教学新模式。

---

① 周初霞.聚焦生物学重要概念的单元整体教学设计实践研究[J].生物学教学, 2019（4）：7—10.

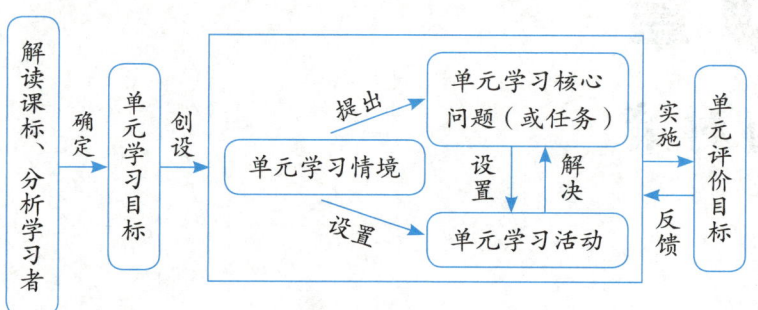

图 2-1　单元整体教学设计的"六要素"框架

综上，社会责任是高中生物学"核心素养"培育的重要内容之一。社会责任既是一种态度和意愿，又是一种高度依赖学习过程的综合能力。这种综合能力需要有针对性的、计划性的、长期的学习和训练。而单元整体教学设计强调把一个主题或项目的单元教学内容作为一个整体，实施统一的教学目标、教学过程和教学评价，突显了长期性、渗透性和整体性等特点。可见，社会责任素养培育过程的特点与单元整体教学的基本形式完全符合，实施单元整体教学有利于学生社会责任素养的提升。

在深入分析社会责任的内涵、发展层次的基础上，结合前期对高中生社会责任素养的发展水平的调查结果和社会责任素养的特点分析，发现可以从以下两个方面加强对学生社会责任素养的培育：一是帮助学生形成生物学概念和观念，奠定社会责任素养提升的基础；二是开展丰富多样的社会实践活动，提供发展社会责任素养培育的平台。

第3章
行动与对策

为实现指向社会责任素养的单元整体教学设计真正落地，本章将探讨在单元整体教学中发展社会责任素养的三种策略：丰富发展社会责任的课程资源、探索发展社会责任的单元教学范式、实践发展社会责任的单元议题式教学，并结合单元教学案例进行实践分析。

一、丰富发展社会责任的课程资源

课程资源开发是提高教育质量的重要手段，它在课程改革、日常教学和学生发展等方面发挥着重要作用。如果没有丰富的课程资源支持，课程实施和教学改革将受到极大阻碍。生物学课程资源是指生物学课程实施可利用的所有资源，它不仅影响教师的教学过程和教学方式，也影响学生的学习过程和学习方式，是决定课程实施和课程目标能否有效达成的重要因素。为了更好地开发和利用课程资源，学校和教师应特别重视信息化环境下的学习，关注媒体资源、信息技术资源、生活资源和社会资源的开发和利用。

（一）整合教科书的教学资源

教科书是编者在教育目标和课程标准的基础上编制的，它是课堂上师生之间直接学习和接触的主要载体。认真梳理高中生物学教科书中与社会责任相关的素材，确立对应的社会责任教育目标，可以帮助教师更好地进行教学设计。以浙科版《普通高中教科书·生物学》为例，书中有不少栏目的内容设置上都凸显了社会责任教育，如小资料、课外读、活动、课后习题等。

28

1. 小资料

"小资料"的内容与实际生活密切相关、与学生认知水平相符、与正文知识紧密联系，在多处体现了社会责任教育。例如，《分子与细胞》模块"细胞膜控制细胞与周围环境的联系"一节中的小资料"膳食纤维"，介绍了膳食纤维的两个作用：一是膳食纤维吸水后在肠胃中与其他食物交织在一起，减缓血糖等营养物质的吸收，有利于维持血糖平衡；二是吸水后的膳食纤维可以促进肠道蠕动。通过学习，学生能够辩证地认识膳食纤维：虽然膳食纤维在消化过程中不能供能，却有着重要的生理作用，日常适当增加膳食纤维的摄入，可减少肥胖、糖尿病、高血脂和肠道方面疾病的发生。这有利于学生认同健康的生活方式，在改善自己膳食行为的同时，承担起宣传健康饮食的社会责任。

又如，《遗传与进化》模块"生物体存在表观遗传现象"一节中的小资料"生活习惯的改变对后代的性状产生影响"，介绍了祖辈或父辈的生活印记会以某种方式遗传给子孙，这样的结果似乎与我们已有的概念相悖。我们难以想象，由于父母的某种生活经历或者不良嗜好，对子女产生了影响。此处能够帮助学生辩证地认识表观遗传现象，认同有些改变了的表型是可以遗传的，从而在行动上能够理性约束自我，养成健康积极的生活习惯，并承担起向他人宣传的社会责任。

2. 课外读

"课外读"栏目是学生拓展知识的平台，能促进学生对知识的深层理解，提高学生的社会责任素养水平。例如，《分子与细胞》模块"生物大分子以碳链为骨架"一节中的课外读"人工合成胰岛素"，介绍了中国科学家合成结晶牛胰岛素的历程，这一壮举标志着当时的中国在蛋白质和多肽合成领域已经处于世界领先地位。教师可以引导学生关注蛋白质研究新进展，认同中国在生物科技方面的成就，从而树立学生的民族自豪感，培养爱国情怀。

《遗传与进化》模块中"基因重组使子代出现变异"一节中的课外读"转基因食品的安全性"，介绍了转基因食品的安全性问题，这是公众非常关心的热点问题之一。两种完全不同的声音从来没有停止过，也给很多普通人带来了巨大的困扰和疑虑。如何评价转基因食品的安全问题，是摆在我们面前的难题和挑战。这有利于引导学生关注社会热点问题，积极参与社会事务，辩证地认识生物技术的作用：转基因生物在给人类带来巨大经济效益的同时，也可能带来如破坏生态环境、威胁人类健康等潜在危害。

3. 活动

在活动设计上，教科书突出强调学生学习方式的转变，引导学生乐于从生活中开展探究，注重培养学生关注生活实践活动，关注社会中的科学议题。例如，关于《分子与细胞》模块"细胞核是细胞生命活动的控制中心"一节中的活动"尝试制作真核细胞的结构模型"，教师可引导学生利用废旧物品来制作模型，引导学生树立可持续发展的环保意识，增强学生节约资源、保护环境的社会责任感。

又如，关于《遗传与进化》模块"人类遗传病是可以检测和预防的"一节中的活动"调查常见的人类遗传病并探讨其监测和预防"，教师可使学生了解人类遗传病的类型、致病原因、患病危害等，关爱社会上的遗传病患者，积极向周围人宣传遗传病检测与预防的有效手段。

4. 课后习题

课后习题基于教科书中的知识内容，以学生生活经验为背景，实现学生社会责任素养的发展。例如，《分子与细胞》模块"细胞膜控制细胞与周围环境的联系"一节的简答题"胆固醇在人类健康中一直是个热点问题，因为高水平的胆固醇会导致血管中的血流速度减慢。生活中很多人倡导食用无胆固醇的食品，对这种行为你是怎样看待的？"以学生熟悉的胆固醇话题作为习题情境，教师可以引导学生运用所学知识来辩证地分析"食用无胆固醇食品"行为，参与社会热点问题的讨论，增强学生的社会责任感。

又如，该模块"酶是生物催化剂"一节的简答题涉及了加酶洗衣粉的洗涤原理、最佳洗涤条件等，将酶的相关知识与学生实际生活结合起来，引导学生发现酶在生活中多种多样的应用，进而指导家人正确使用含酶产品。

随着教学的不断发展，教科书所承担的社会责任的相关内容也在不断地发生变化，具体内容与现实生活的联系更加紧密，呈现形式更加多样化，涉及领域更加广泛。因此，教师要熟悉相关的社会责任教育内容，仔细分析、深入挖掘教科书中的社会责任教育要素，找到社会责任教育与教学内容的结合点。

（二）融入学校资源

校内资源相对来说易于操作，实用性较强。教师只要善于发现、合理巧用，校内资源就能成为有效开展实践活动的源泉。教师可以放手大胆地让学生走出课堂中的文本教学，挖掘校园文化资源、校园环境资源、校园场馆资源等，设计富有校园特色的活动，在活动中发展学生的社会责任素养。

1. 挖掘校园文化资源

一是关注校内的标志物。标志物通常是学校的象征，学生对标志物往往都有着特殊的情结。教师可以结合标志物开展活动，增强学生的责任感。例如，借助某校的鲁迅纪念像，抓住鲁迅弃医从文的经历对学生进行爱国主义教育。二是发现学校的校本课程。校本课程是各校在实施素质教育后基于学校实际情况开发的课程，课程类型多样、内容丰富。教师可以从校本课程中发现与社会责任相关的课程资源，并组织学生开展探究活动。例如，某校的生物选修课程《生命系统的稳态》围绕"稳态"这一核心概念，从不同水平来阐述生命系统稳态的维持及调节，探究维持人体生命活动稳态的机制并解决健康问题，随后将生物学知识与生产生活实际相结合，增强学生的社会责任感。三是结合校园科普活动。各校的科普活动丰富多彩，各有特色，各有所长。例如，为了响应"五水共治"的倡议，某校发起了"保护母亲河"活动，学生对市内的主要河道进行河水污染情况调查，形成调查报告，为城市的环境保护建设贡献一份力量。

2. 挖掘校园环境资源

校园虽小，却五脏俱全，包含着花、鸟、虫、鱼、声、光、电等可以进行实验探究的多种素材。熟悉、安全、和谐、舒适的校园环境，正适合教师组织学生开展户外探究活动。例如，教师可以开展"调查校园物种多样性"或"校园植物知多少"等活动，引导学生认同保护生物多样性的重要性，树立参与环境保护宣传和实践的社会责任意识。

3. 挖掘校园场馆资源

学校的教学楼、场馆等处处蕴含着科学原理在生活中的应用，教师应该利用这些场馆资源，引导学生结合课程知识去分析、解释身边的事物或问题。卫生角是学生进行垃圾分类实践活动的好地方；花圃、花丛是学生进行生物多样性调查的绝佳场所；降水前后的草坪是学生观察并比较水土流失的首选之地；科技馆、创客室、实验室等科普基地是学生体验前沿科学技术的好场地；学校图书馆、校史馆、文化长廊等有着丰厚的文化积淀，是渗透爱国主义教育、传统文化教育的好地方。

下面，以重要概念"生物群落与非生物的环境因素相互作用形成多样化的生态系统，完成物质循环、能量流动和信息传递"的单元整体教学设计为例，为一线教师在单元整体教学中整合学校特色资源的具体实践提供参考。

 围绕重要概念"生物群落与非生物的环境因素相互作用形成多样化的生态系统，完成物质循环、能量流动和信息传递"开展单元整体教学

1. 单元情境

某校园内，每天有2000多名学生和教师在学习、生活。但很少有学生关注，校园里有很多种植物，还生活着毛毛虫、麻雀、松鼠、蛇、老鹰等动物。庇护、养育它们的，正是校园内自由奔放的生态系统。

2. 核心任务

调查校园生物的物种、数量和食性，确定各物种在食物链和食物网中的地位，并划分相应的营养级，定性分析校园生态系统的能量过程及特点，讨论物质循环和信息传递的特征。

3. 核心问题

你对保护校园生态系统的多样性有什么建议？

4. 教学流程

以支撑单元重要概念所需的次位概念为课时学习主题，课时教学以问题、任务、活动与评价为主线展开。本单元教学流程如图3-1所示。

案例评析：生态系统属于宏观生物学范畴，高中生对生态系统并不陌生，拥有较为丰富的直观体验，对生态系统的概念、成分、结构和功能等内容已有一定的认识。校园是高中生学习和生活的主要场所，既熟悉又陌生，熟悉的是校园的场馆分布、硬件设施等情况，但很少驻足关注校园的生态环境，如校园动植物的多样性。案例中教师在设计时充分利用了校园环境资源优势，围绕核心问题设计了课时问题序列。这些问题的设计始终围绕校园生态系统展开，且分别指向对应次位概念的形成，层层设问，逐步推进，引导学生深入探究校园生态系统的奥秘。为了促进次位概念的生成，教师设计了一系列活动，如"讨论校园生态系统中蕴含的生态学原理，对校园的多样性提出合理化建议""探究碳循环平衡失调与温室效应的关系"等，其目的是让学生在活动中体验，在体验中学

第3章 行动与对策

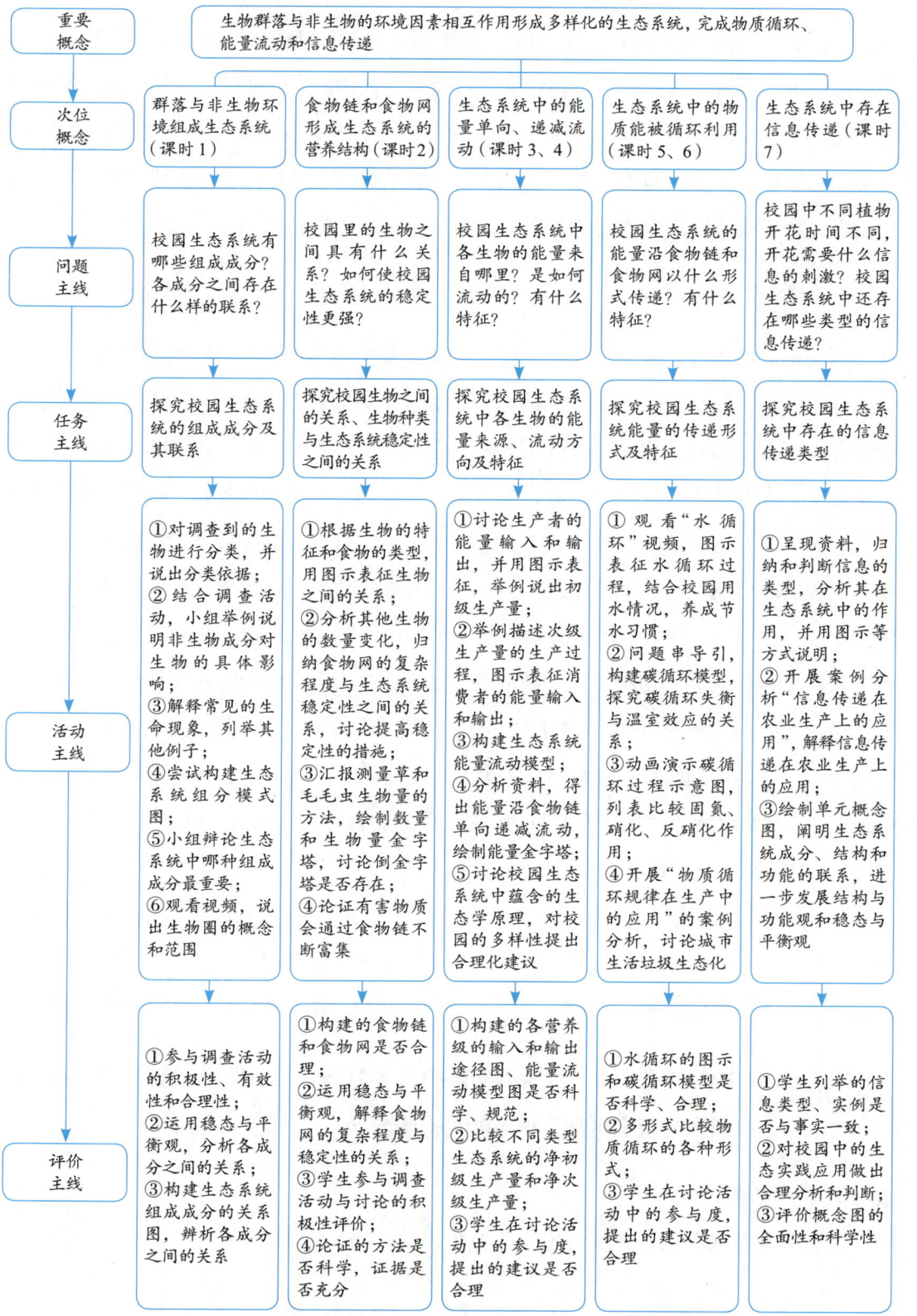

图3-1 "生物群落与非生物的环境因素相互作用形成多样化的生态
系统，完成物质循环、能量流动和信息传递"单元教学流程

33

习，在学习中反思，逐步建构本课时的具体概念，形成次位概念。学生通过调查校园生物的物种种类、数量和食性，确定各物种在食物链和食物网中的地位，并划分相应的营养级，定性分析校园生态系统能量流动的过程及特点，讨论物质循环和信息传递的特征，参与绿色学校、生态校园建设等行动，认同生态系统稳态的重要性，能够为科学地利用校园生态系统资源提出有价值的合理化建议，增强生态意识，发展社会责任素养。

（三）利用地域资源

由于各地的资源、经济、文化、历史不同，每个地方都有其独特的资源特性。一方水土养一方人，不同的区域文化、地方文化对学生的成长至关重要。目前，社会上的生物学课程资源是极其丰富的。例如，当地的博物馆、科技馆、医院、园林绿化部门、相关企业、大专院校以及科研部门等，都可为学生学习生物学提供资源。利用这些资源的方式多种多样，可以从有关单位获得生物学实验教学材料，可以将有关机构作为学生生物学课程实践活动基地，也可以请有关专业人员来校开展讲座和指导师生开展实验、实践活动等。教师可以将学生社团活动、课外兴趣小组、主题班会等作为载体，组织与发展学生社会责任素养密切相关的实践活动。这既是对社会责任情感的升华，也能将社会责任落到实处。例如，在选修课"生物净化技术"中，教师利用学校举办的远足活动，带领学生游览当地湿地公园，了解湿地净化的原理、技术和效果。在日常教学中，教师要因地制宜，教学时融入地域资源与特色，对学生进行爱国主义教育、环保教育、安全教育、乡土教育等，提升学生的社会责任素养。

下面，以重要概念"细胞的功能绝大多数基于化学反应，这些反应发生在细胞的特定区域"的单元整体教学设计为例，以"目标—情境—任务—问题—活动—评价"为单元主线进行一体化设计，为在单元整体教学中整合不同地域特色资源的具体实践提供参考。

 **围绕重要概念"细胞的功能绝大多数基于化学反应，这些反应发生在细胞的特定区域"开展单元整体教学**

1. 单元情境

教师呈现绍兴黄酒生产流程图（图3-2）及相关视频。

第 3 章　行动与对策

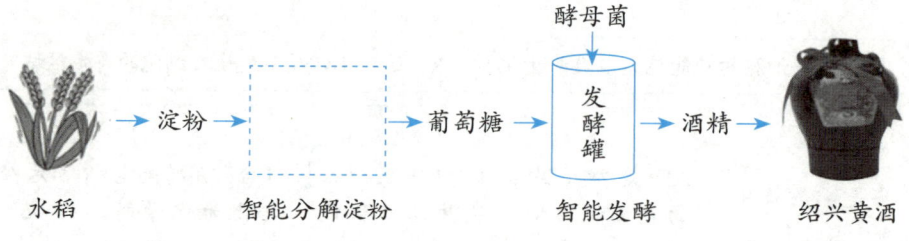

图 3-2　黄酒生产流程图

2. 核心任务

探究绍兴黄酒的酿造过程。

3. 核心问题

绍兴黄酒是如何生产出来的？将核心问题分解为以下子问题：水稻如何制造淀粉？淀粉如何分解产生葡萄糖？葡萄糖如何发酵产生酒精？为什么可以用 ATP 生物发光法检测酵母菌的活性？

4. 教学流程

以支撑单元重要概念所需的次位概念为课时学习主题，课时教学以问题、任务、活动与评价为主线展开。本单元教学流程如图 3-3 所示。

案例分析： 绍兴是一座历史悠久的古城，在漫漫历史长河中，绍兴黄酒融入了当地人们生活的方方面面，形成了多姿多彩的酒乡风情。绍兴黄酒独一无二的品质，得益于优越的自然地理环境和当地鉴湖的水质以及精湛的酿酒工艺。绍兴黄酒的酿制工艺通过一代又一代酿酒技师口授心传，不断创新、不断完善，于 2006 年被列入国家级非物质文化遗产。因此，了解绍兴黄酒文化是成为一名合格绍兴人或者说未来更好地在绍兴生活所需的关键能力和必备品格，很好地契合了当前新课程改革对学生核心素养培育的要求。案例中，教师在充分分析学校区位优势的基础上，将学生熟悉的绍兴黄酒引入课堂，围绕单元重要概念创设单元境脉，以"探究绍兴黄酒的酿造过程"作为单元大任务，并围绕单元核心问题"绍兴黄酒是如何生产出来的？"提出层层递进的课时问题。以"绍兴黄酒"的生产实际为单元情境，课堂上衍生出源自同一情境的课时情境，使得单元与课时情境紧密衔接。当学生具备酶、细胞呼吸、光合作用等相关知识储备后，教师引导学生综合运用这些生物学知识，参与黄酒生产线的设计。在此过程中，一方面能够锻炼学生的小组合作能力、语言表达能力和综合解决生活实际问题的能力；另一方面能够增

35

图3-3 "细胞的功能绝大多数基于化学反应，这些化学反应发生在细胞的特定区域"单元教学流程

第 3 章　行动与对策

进学生对绍兴黄酒的了解，更好地传承绍兴黄酒的传统文化，激发学生热爱家乡、建设家乡的情感，升华学生的社会责任感。

 **围绕重要概念"生物群落与非生物的环境因素相互作用形成多样化的生态系统，完成物质循环、能量流动和信息传递"开展单元整体教学**

1. 单元情境

始丰溪国家湿地公园位于浙江省天台县，始丰溪湿地生态系统有树林、草地、河流等多种小生境。

2. 核心任务

分析始丰溪湿地生态系统的组成、各组分之间的结构关系，以及该生态系统物质循环、能量流动和信息传递的特点。

3. 核心问题

如何运用生态系统相关原理来保护始丰溪国家湿地公园的多样性？

4. 教学流程

以支撑本单元重要概念所需的次位概念为课时学习主题，课时教学以问题、任务、活动与评价为主线展开。本单元分为 6 个课时，教学流程如图 3-4 所示。

案例分析： 始丰溪湿地生态系统是一个开放的生命系统，区域内水质优良、景观优美，有着丰富的物种组成与结构层次。"形成生态意识、参与环境保护实践"是指向社会责任素养发展的重要组成部分，因此教师可以有机融合始丰溪湿地生态系统的环境资源来开展生态学教学，提升学生的社会责任素养。案例中，教师在充分利用学校所在地域的环境资源优势，围绕重要概念创设单元境脉"始丰溪国家湿地公园位于浙江省天台县，始丰溪湿地生态系统有树林、草地、河流等多种小生境"，围绕单元核心问题"如何运用生态系统相关原理来保护始丰溪国家湿地公园的多样性"，设计了课时问题序列"始丰溪湿地生态系统的边界、组成成分及营养结构是怎样的""能量在生态系统中是怎样流动的，研究能量流动有什么实践意义""生态系统的物质循环是怎样的，物质循环和能量流动有什么关系""生态系统中信息传递的类型和意义分别是什么，如何合理运用生态系统的信息传递规律"。这些问题的设计始终围绕湿地生态系统展开，且分别

37

聚焦 重要概念的生物学单元教学实践研究 社会责任视角

图3-4 "生物群落与非生物的环境因素相互作用形成多样化的生态系统，完成物质循环、能量流动和信息传递"单元教学流程

38

第 3 章　行动与对策

指向对应次位概念的形成，层层设问，逐步推进，引导学生深入探究始丰溪湿地生态系统的奥秘。当学生具备种群、群落、生态系统等相关知识储备后，教师引导学生综合运用这些生物学知识，参与设计并制作生态瓶，并从制作方案的合理性、成本、材料等角度出发不断完善生态瓶。在此过程中，教师引导学生进一步认识系统各组分之间的结构关系及各组分共同实现生态系统能量流动、物质循环和信息传递的功能，丰富对生命系统层次的认知，发展结构与功能观、物质与能量观、稳态与平衡观。在分析、讨论有害物质经食物链富集、碳循环失调与温室效应、能量流动和物质循环等规律的实践应用中，学生进一步认识人类活动与生态系统的关系，尝试运用系统工程的方法改善特定区域中人与自然环境的关系，提升生态环境保护意识。

生物学课程资源的开发与利用，不仅能使我国基础教育课程改革理论得以发展，还能给生物学课程资源的开发与利用提供良好的理论依据，有利于生物学新课程的实施。课程资源的开发将极大地拓展教学内容，让学校、家庭和社会的教育素材以及师生的生活、经验进入教学过程，让教学"活"起来。新的课程资源的引入会带动教学方法、策略和教学组织形式等方面的变革。对课程资源的有效开发和高效利用，将改变学生在教学中的地位，学生将从被动的知识接受者转变为知识的共同建构者，不断提升生物学学科核心素养，学生的学习兴趣、创新能力等也将有全新的发展，从而促进学生全面、和谐发展。同时，这也有助于开阔教师的教育视野，转变教育观念，树立新的课程资源观念，激发创造性智慧，在新课程的实践中快速成长。

二、探索发展社会责任的单元教学范式

社会责任意识的形式和社会责任行动的落实都要基于生物学学科知识的学习，特别是生物学概念和观念。基于生物学学科核心素养的教学目标彼此之间紧密联系，科学探究过程不仅是学生形成生命观念、发展科学思维的过程，也是隐性内在的社会责任意识悄悄形成和发展的过程。为能有针对性、系统性地发展社会责任素养，课题组设计了单元整体教学中社会责任的"三阶式"发展模式。

(一)范　式

图 3-5 为课题组设计的社会责任"三阶式"发展模式，该模式包括了"唤醒社会责

39

任意识""提升社会责任能力""外化社会责任行为"三个阶段。

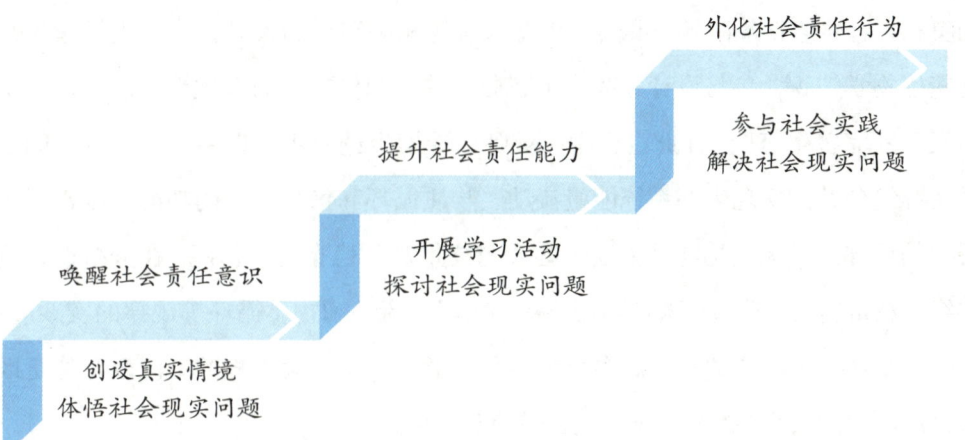

图 3-5 单元教学中社会责任的"三阶式"发展模式

1. 唤醒社会责任意识

教师要研究课程标准中重要概念与次位概念之间的支撑关系，精心创设以能够支撑整个单元的、整合性的真实生物学情境。学科知识本来就产生于某种特定的情境中，而脱离了特定的情境，学科知识就会僵化，缺乏生命力[①]。教师将学科要解决的问题信息蕴含在特定的情境中，引导学生通过对情境中的相关信息进行积极的感知和理解来学习生物学知识，让学生直观感受到人类面临的挑战以及正确使用生物科学技术的必要性，从而唤醒学生的社会责任意识。

学生对知识的感性认识往往是以实践为基础的，许多教学活动都需要有对应的情境作为背景，假如缺乏情境基础，教学活动将寸步难行。在课堂教学中，教师创设情境的方式多种多样。教师可以通过梳理教科书中与社会责任素养有关的素材，利用画面再现、音乐渲染、语言描述、实物演示、角色扮演、生活展现等各种形式，借助多媒体，创建生动有趣的教学情境，激发学生的联想与想象，引发学生情感上的共鸣，感悟社会责任的重要意义，达到对学生进行潜移默化的培养的目的[②]。教师要让学生领悟社会责任感在自我成长中的重要价值与积极意义，感知具有社会责任给自己带来的成功感与喜悦感，从而促使社会责任感的良性循环[③]。根据不同的知识点和教学目标，情境的选择也应多样

---

① 李润洲.指向学科核心素养的教学设计[J].课程·教材·教法，2018（7）：35-40.
② 蒋培成，倪勇胜，叶建松，等.中学生自我责任心培养的理论与实验[J].教育探索，1995（5）：25.
③ 乌瑶.核心素养理念下高中生物教学中社会责任感培养的研究[D].哈尔滨：哈尔滨师范大学，2017.

化，在导入新课、讲授新知识、探究活动、课堂结束时教师都可以创设合适的情境对相关知识加以说明。例如，在讲授"细胞的癌变"时，教师可创设生活情境作为导入：以日光浴为切入点，引出紫外线过度辐射时会对人体造成危害（严重时可导致皮肤癌）；在课堂讲授中可创设问题情境：皮肤癌的病因是什么？紫外线属于哪类致癌因子？除了这类致癌因子还存在哪些致癌因子？能根据自己的生活经验举例说明吗？在日常生活中该如何预防癌症？学生通过讨论问题来探寻细胞癌变的机制，可以系统地去学习细胞癌变的相关知识，在日常生活中认真践行健康生活理念，从而养成健康生活和乐于传播健康知识的习惯。社会责任正是情感态度的培养，教师可以利用情境创设，寓情于理，融情于境，将社会责任的培育渗透入每一个教学情境中，增加学生的体验感与参与感，从而逐步升华学生的社会责任意识。

2. 提升社会责任能力

在单元整体教学中，教师要合理安排课时教学，基于单元情境提出核心问题，然后设置一系列系统的、有层次的子问题（或子任务），将单元分解成若干个具有进阶性和连贯性的课时教学，做好单元教学与课时教学的有效衔接。学生根据子问题和学习材料开展有目的、有方向的合作与探究等主动学习活动，并呈现学习成果；在生成概念的同时，关注知识框架的构建，初步回答上课初始所提出的核心问题。学习活动旨在发展学生的特定素养和认识方式，因而学习活动的设计应以达成学习目标为宗旨。学习活动起始于真实的问题，并有相应的评价任务。这种评价任务不仅要关注学习的结果，更应关注学生在特定情境中是如何学习的，关注问题是如何解决的，关注概念是如何建构的[1]。为实现这些问题的有效解决，教师可以设置丰富多样的学习活动，具体形式可以是现场模拟、辩论赛、角色扮演、无领导小组讨论等。例如，教师组织一场以"如何看待对婴儿进行基因编辑"为主题的辩论会，该形式可考查学生是否具有反对基因编辑技术滥用的情感态度，是否具有认识基因编辑技术负面作用的认知，是否具备在基因编辑技术应用中自觉遵守伦理道德规范的能力。在这个过程中，学生的口头报告、回答问题、与同伴的讨论和交流等，就是他们自身的价值观和方法论。教师需要把握时机引导学生如何使用科学的世界观和方法论作为讨论和解决相关问题的方法和准绳，让学生在讨论中将其内化为社会责任能力。

---

[1] 盛国跃，周初霞.生物课堂活动应推陈出新[N].中国教育报，2018-5-2.

又如，在"为了科学进步，是否使用动物做实验"这一议题中，师生可以探讨科学技术迅猛发展，人类牺牲动物用于科学研究的问题。现实生活中，为了研究各种疾病与衰老机制，科学家在检测药品、食品、化妆品等对人类的危害时，都需要用实验动物进行安全评估和效果测试，进而类推到人类。教师可以尝试设计如下学习活动。

①实验室研究人员解剖小白鼠、兔子或鸽子来观察哺乳动物内脏结构的视频。某论坛在讨论该不该用这些活体动物做实验，大家各执己见。如果你参与讨论，你会说些什么？

（设计意图：以观看解剖动物视频后学生进行的讨论为现实生物学情境，考查学生是否具有乐于运用生物科学技术、反对技术滥用的情感态度，以及理解正确使用生物科学技术的必要性。）

②根据有关精神，全社会应大力普及科学知识，弘扬科学精神，提高科学素养，因此学校与实验动物学会准备联合开展"实验动物福利与伦理"主题的科普宣传活动。如果你负责设计此次活动，你会如何设计？

（设计意图：以设计主题科普宣传活动为现实生物学情境，深入考查学生是否具备灵活综合运用生物学知识和方法解决生活中与该主题相关的较复杂生物学问题，以及为社会提供有益服务的能力。）

③据新闻报道，某医学院被网友曝光随意丢弃实验用狗。视频显示，数十只狗被放置在户外，部分狗有多处伤口。事后，校方回应，相关人员在按规定程序做完实验后对动物尸体处理不当，要求实验室规范动物实验守则。如果你是学校的实验员，从动物实验的过程及实验前后处理环节出发，你会提出哪些要求？

（设计意图：以某医学院随意丢弃实验用狗尸体为生物学情境，请学生提出利用动物进行科学实验的行为规范，考查学生是否具备在生物技术应用中自觉遵守伦理和道德规范的能力。）

3. 外化社会责任行为

在单元整体教学中，教师可以结合当地资源和校本资源开展实践活动，用实际问题引导学生利用生物学的知识技能、思想方法、探究模式、价值观等，提出可行的建议或解决方案。

生物学知识源于生活又高于生活，也应当运用于生活，服务于社会。学生通过学习，获取生物学知识，并运用生物学知识来解决现实中的问题，培养创新精神与实践能力，最终发展生物学学科核心素养，这才是教育的目的。因此，在生物学知识和技能、学生情感和道德培养上，教师要以社会为出发点，强化知识与社会、实践的联系，同时促使学生在实践中运用知识，并进行知识转化。这就要求教师在生物学教学中既要树立开放的教学理念，使用生活化的素材来教学，又要本着学以致用的原则，结合当地资源引导学生积极参与社会实践，使学生在实践中提高认识，形成辨别真伪、科学实践、热爱社会的能力[①]。例如，教师可以组织学生调查当地水体污染的原因，了解家乡水资源的污染情况，让学生就如何呈现"鱼翔浅底、绿护两岸"的环境，尝试运用所学的生物学知识给当地政府提出可行的解决方案，并赴社区开展生态环境保护宣讲活动，呼吁居民在日常生活中保护水环境，倡导保护环境从小事做起。

社会是培养责任意识的重要场所，社会实践是进行社会责任教育的关键环节。教师要给学生创造机会，将理论知识和实践应用相结合，从而将社会责任意识外化成自觉的社会责任行为。在实践过程中，学生深刻体会到生物学知识的学习，不仅是为了应付考试而存在，而是可以帮助人们解决实际问题，以获得更好的生活与生产。学生在利用生物学知识解决实际出现的问题时，能够获得成就感，同时也能感受到知识的力量，体验到生物学在日常生活中起到了不可替代的作用。

（二）案 例

我们以重要概念"由基因突变、染色体变异和基因重组引起的变异是可以遗传的"单元整体教学设计为例，介绍社会责任"三阶式"发展模式的具体应用方法。

1. 从单元整体落实社会责任的"三阶式"发展

本单元聚焦课程标准中的重要概念"由基因突变、染色体变异和基因重组引起的变异是可以遗传的"，该重要概念支撑大概念"遗传信息控制生物性状，并代代相传"的建构。本单元的教学主要分为 5 个课时，分别对应"基因突变可能引起性状改变""基因重组使子代出现变异""染色体畸变可能引起性状改变""生物变异在生产生活上的应用"和"人类遗传病是可以检测和预防的" 5 个次位概念，它们共同聚焦本单元的重要概念。本单元的重要概念支持"地球上的现存物种丰富多样，它们来自共同祖先"和"生物多样性为人类生存提供资源与适宜环境"等重要概念的学习。这些概念之间的关

---

① 孙锡英，俞庆育.基于生物实验废弃物处理的社会责任意识培养[J].中学生生物学，2018（8）：49-50.

系如图 3-6 所示。

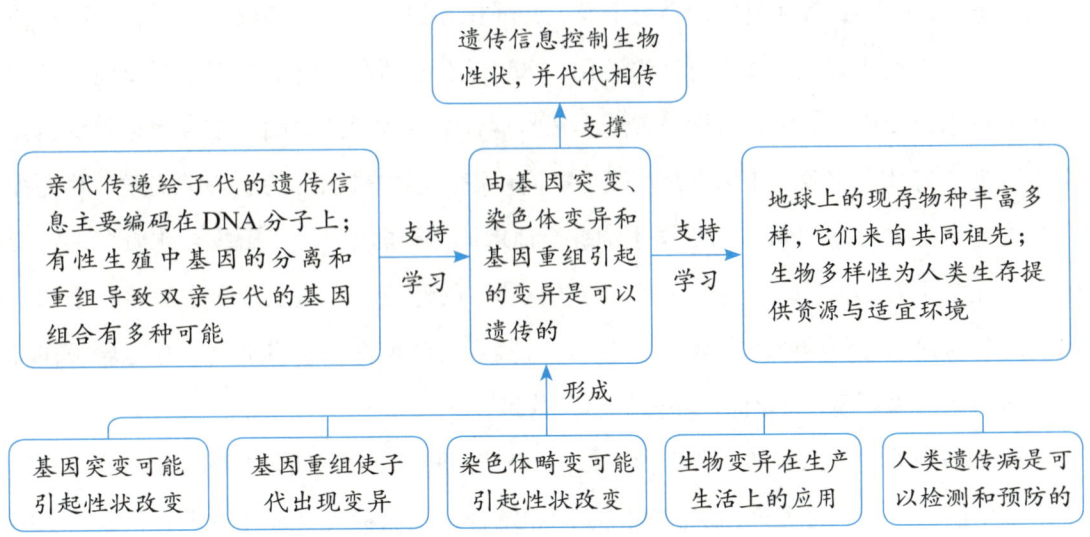

图 3-6 单元概念"由基因突变、染色体变异和基因重组引起的变异是可以遗传的"与相关概念之间的关系

教师在厘清本单元重要概念与次位概念之间的关系后,借助生活中形色各异的番茄品种来创设单元情境。具体的单元教学思路如下:

（1）单元情境。

以番茄育种为明线,探讨变异产生的原因→运用变异机理,根据不同目的和要求选择合适的育种方案→运用变异原理进行人类遗传病的检测和预防。

（2）核心任务。

探究番茄育种背后蕴藏的生物学原理,能根据不同目的和要求设计合理的育种方案,并依据变异原理,综合运用不同水平的遗传病检测手段提出防治建议。

（3）核心问题。

如何运用生物变异的原理来进行良种选育与维护人类健康? 将核心问题分解为以下子问题:形色各不相同的番茄品种是如何培育出来的? 其中蕴藏着的生物学原理是什么? 如何根据不同的目的和要求选择合适的草莓育种方式? 如何运用变异原理进行人类遗传病的检测和预防?

（4）教学流程。

以支撑本单元重要概念所需的次位概念为课时学习主题,课时教学以问题、任务、活动与评价为主线展开。本单元的教学流程如图 3-7 所示。

第 3 章 行动与对策

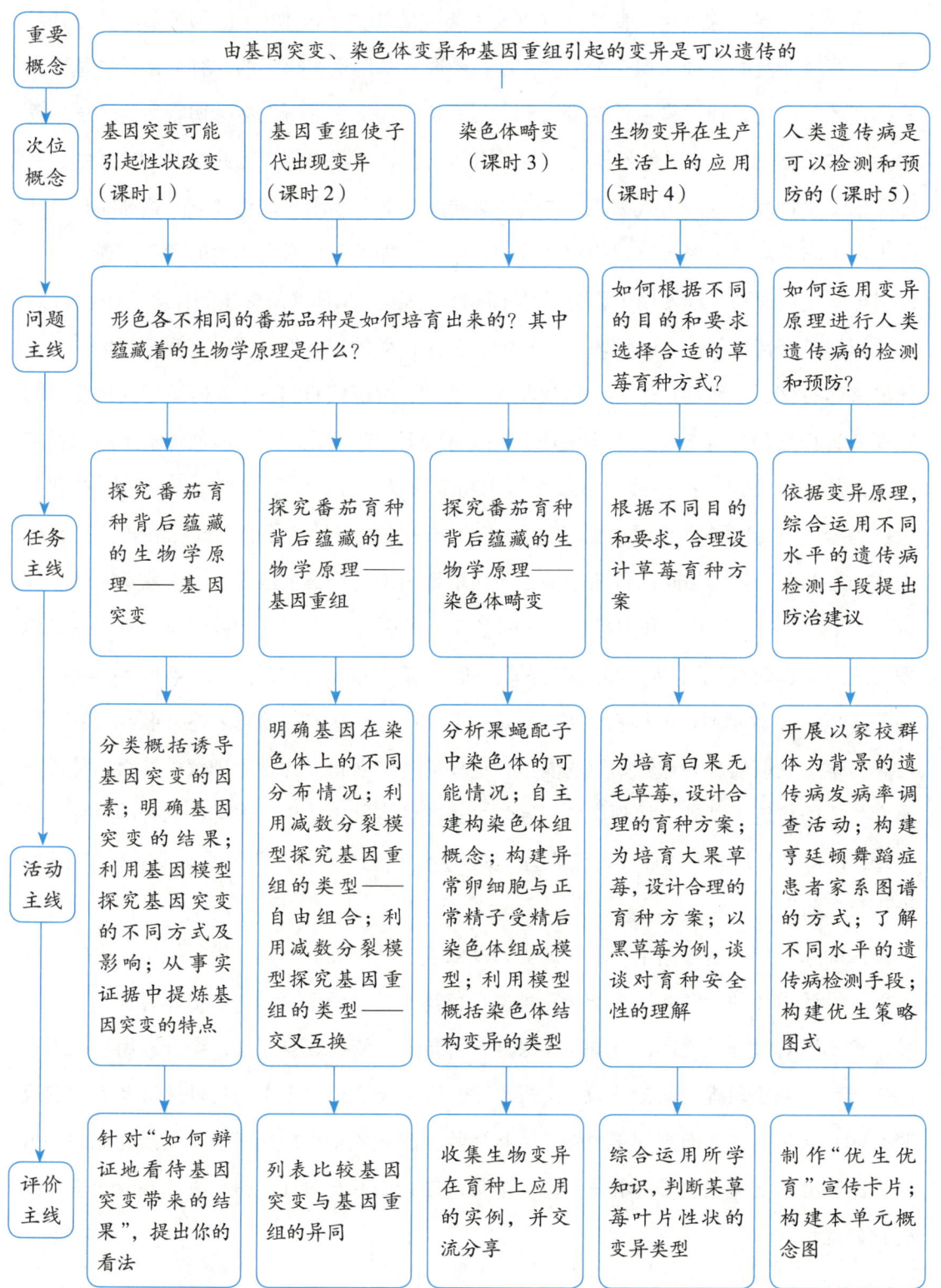

图 3-7 "由基因突变、染色体变异和基因重组引起的变异是可以遗传的"单元教学流程

聚焦 重要概念的生物学单元教学实践研究 社会责任视角

　　生物变异与生物进化、良种选育以及人类健康的关系极为密切。形色各异的番茄品种，其背后涉及的育种原理多种多样：有的是通过基因重组得到的，有的是通过基因突变得到的，有的是通过染色体畸变得到的。因此，这是一个与生活密切联系的、统领性强的真实生物学情境。形色各异的番茄在市面上容易购买得到，因此在课堂教学中，教师采用了实物演示这一方式来创设情境。课前购买形态大小、口感各异的番茄品种，让学生对不同番茄品种形成直观的感性认识，这不仅能够有效激发学生的学习兴趣，还可以引导学生认识到合理使用生物科学技术能造福人类，从而唤醒学生的社会责任意识。

　　依据单元情境创设课时情境时，教师应关注情境的整体性和课时之间的逻辑性，设计出整体有序、思维递进的问题解决型课时情境。围绕核心问题"如何运用生物变异的原理来进行良种选育与维护人类健康？"提出以下课时问题序列：形色各不相同的番茄品种是如何培育出来的？其中蕴藏着的生物学原理是什么？如何根据不同的目的和要求选择合适的草莓育种方式？如何运用变异原理进行人类遗传病的检测和预防？其中围绕问题"形色各不相同的番茄品种是如何培育出来的？其中蕴藏着的生物学原理是什么？"设计了三个课时，利用形色各异的番茄品种引导学生探究背后涉及的不同变异原理，这三个课时分别对应"基因突变的原理""基因重组的原理"和"染色体变异的原理"。教学时，教师通过多种教学方式，如小组合作、资料分析、语言表述、问题串递进等，提高了学生获取信息和理解归纳的能力，这些能力的获得又为学生理解番茄新品种成功培育的原因奠定了基础，教师借此引导学生去关注实际生产生活中其他品种的育种设计原理，有利于提升学生的社会责任能力。从社会责任的"三阶式"发展模式来看，这正好处于第二阶段。

　　课时4引导学生根据生物变异的类型及农业生产的实际不同需求，提出可行的育种方案，设计出育种程序并比较杂交育种、单倍体育种、诱变育种、多倍体育种、转基因技术等不同育种方法之间的优缺点。课时5引导学生依据变异原理，综合运用不同水平的遗传病检测手段提出防治建议。这两个课时将生物变异的知识与良种选育及人类健康紧密联系起来，一方面有利于增强学生将生物变异相关知识应用于生产实际的能力，另一方面能够落实关注遗传病群体、宣传遗传病知识的社会责任，是一种内在社会责任的外化表现。

46

2. 从课时教学落实社会责任的"三阶式"发展

从课时视角出发，每个课时其实也渗透了社会责任的"三阶式"发展模式，我们以课时5"人类遗传病是可以检测和预防的"为例进行分析。在活动"调查家校群体中红绿色盲和高度近视的发病率"中，学生经历了调查方案的确定、调查问卷的制作、数据的有效分析整合，衍生出"为什么发病率与文献调查数据不符？""男女人群中发病率不同的原因是什么？""如何判断遗传病的遗传方式？"等一系列问题。这些问题能够激发起学生学习遗传病相关知识的欲望。教师再将教学目光聚焦到遗传病——亨廷顿舞蹈症，用一段真实患病家系的口述视频引起学生情感上的冲击和共鸣，激发学生继续探索的动力，唤醒学生的社会责任意识。在遗传咨询师这一职业体验过程中，学生经历了制作系谱图、判定遗传方式、分析基因检测报告、计算发病率等一般的遗传咨询程序。同时，教师引导学生认识到除了基因水平上的测序技术外，还能通过染色体组型分析和生化检测等从染色体水平、生化水平进行基因病和染色体异常病的检测。关注不同水平的遗传病检测手段，并能运用所学遗传学知识尝试为不同的患病家系提出可行的防治建议，这有效提升了学生的社会责任能力。课后，学生制订并践行健康生活计划，运用遗传学技术相关原理参与"优生"宣传，如制作"优生优育"宣传卡片，主动承担优生宣传的社会责任，达到社会责任发展的"实践与宣传"层次，将社会责任外化于自身的日常生活中。

课时5　人类遗传病是可以检测和预防的

教学环节	具体过程	设计意图
任务1：调查取证，引出议题	**情境创设**　课前教师组织学生开展以家校群体为背景的遗传病发病率调查活动。 **学生活动**　在文献调查的基础上，选择调查对象为发病率较高的单基因遗传病——红绿色盲和高度近视（600°以上），制订调查方案，设计并发放调查问卷；为合理规避误差，学生在收集、分析、统计数据时剔除了包括对自身情况认知不清楚、个体去世、不方便调查等无效数据（表3-1、表3-2）。课中，学生以调查报告的形式汇报交流。	文献调查和问卷调查可以帮助学生初步学会调查和统计人类遗传病的方法，了解常见遗传病的发病情况，提高收集、处理、分析数据的能力，科学评估数据的准确性，提出可行的规避误差的建议。深入实地的调查取证，是科学探究能力培养的良好途径，能引导学生主动发现问题，关注社会议题、发展社会责任素养。

聚焦 重要概念的生物学单元教学实践研究 社会责任视角

续表

教学环节	具体过程	设计意图
任务1：调查取证，引出议题	表3-1 红绿色盲在家校群体中的发病率	

表3-1 红绿色盲在家校群体中的发病率

统计群体	有效数据	红绿色盲（男）	男性发病率/%	红绿色盲（女）	女性发病率/%
学生	491	14	2.9%	1	0.2%
父辈	812	26	3.2%	6	0.73%
祖辈	1020	28	2.7%	3	0.3%
总体	2323	68	2.9%	10	0.43%

表3-2 高度近视在家校群体中的发病率

统计群体	有效数据	高度近视（男）	男性发病率/%	高度近视（女）	女性发病率/%
学生	501	17	3.4%	15	3.0%
父辈	840	12	1.4%	11	1.3%
祖辈	1274	11	0.9%	13	1.0%
总体	2615	40	1.5%	41	1.6%

学生讨论 ①计算所得遗传病的发病率是否接近文献数据？②能解释红绿色盲和高度近视在男性和女性中发病率的差异吗？③从发病率的调查中能否判断遗传方式？

任务2：情感共鸣，激发思辨

呈现视频 奶奶口述家族七人患"亨廷顿舞蹈症"的经历。

学生活动 构建患者家系图谱（图3-8），演绎推理"亨廷顿舞蹈症"可能的遗传方式。

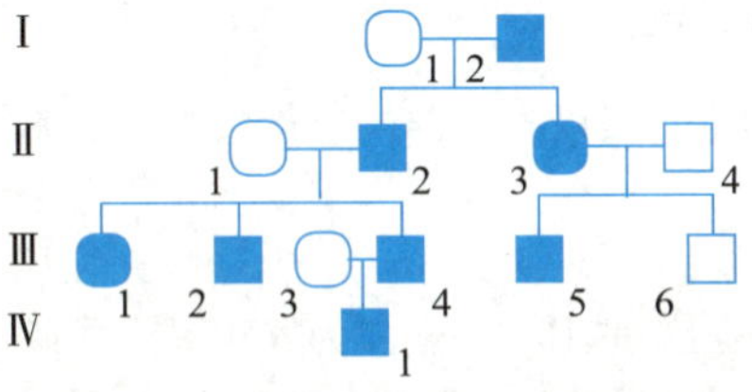

图3-8 亨廷顿舞蹈症患病家系图

呈现资料 亨廷顿舞蹈症（Huntington's disease, HD）是一种单基因遗传病，主要是位于4号染色体上的*HTT-exon1*基因内CAG三核苷酸重复序列过度扩张所致。CAG片段在基因内重复数目为9～36次。在患者中，CAG部分重复次数为37～120次，CAG重复扩增导致亨廷顿蛋白质异常增长，谷氨酰胺链则异常延长，被切割成较小的有毒片段，其结合在一起并在神经元中积累，破坏了这些细胞的正常功能。经基因检测，视频中的奶奶不带致病基因，爷爷的基因检测报告（CAG重复45次）如图3-9所示：

真实家系的口述视频能很好地唤起学生情感上的冲击和共鸣。学生在体验系谱图的制作和遗传方式的判定过程中，通过师生、生生评价及教师追问，可以很好地意识到判定遗传方式的误区和思维定式。

48

第 3 章　行动与对策

续表

教学环节	具体过程	设计意图
任务 2：情感共鸣，激发思辨	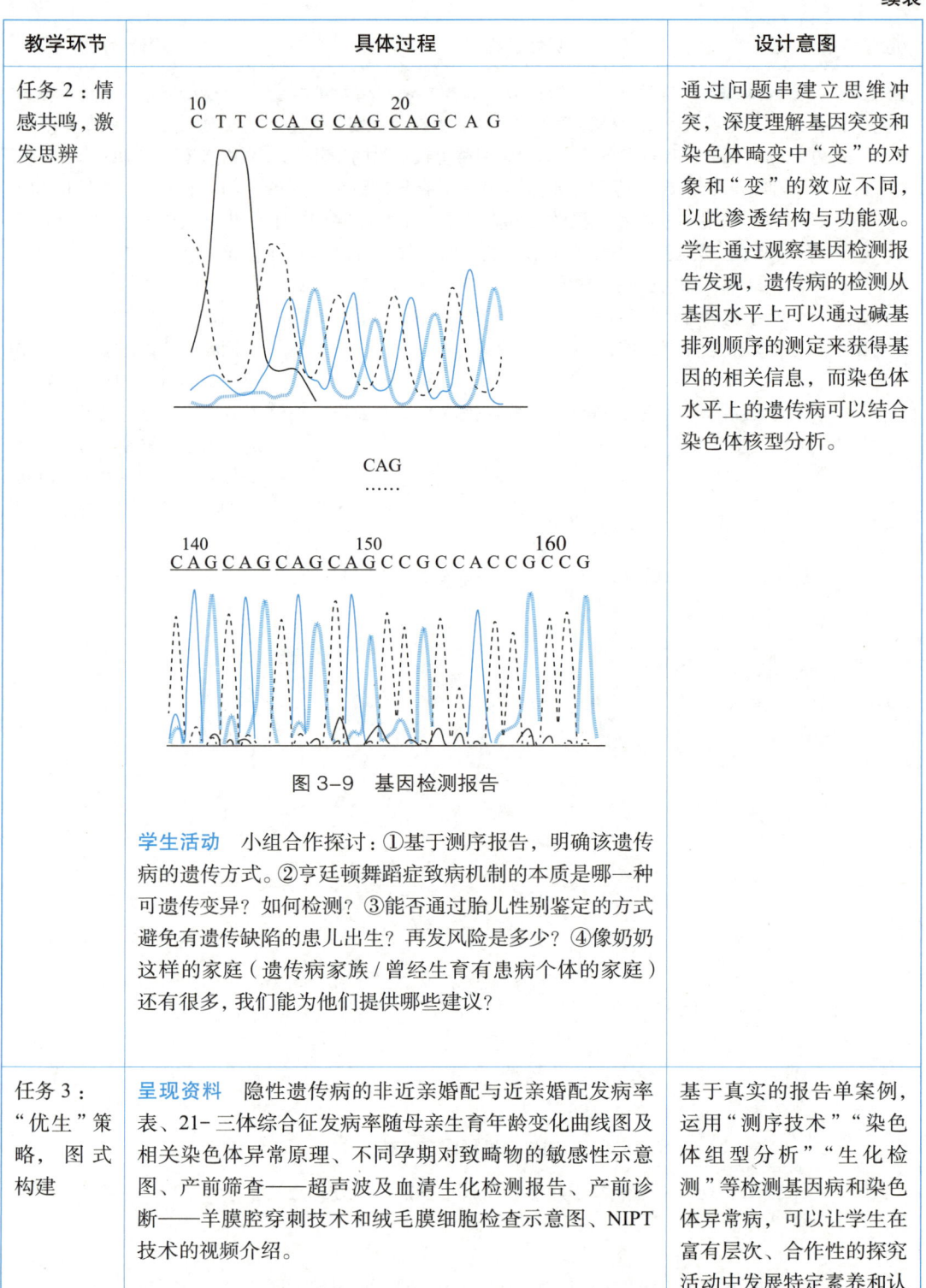 图 3-9　基因检测报告 **学生活动**　小组合作探讨：①基于测序报告，明确该遗传病的遗传方式。②亨廷顿舞蹈症致病机制的本质是哪一种可遗传变异？如何检测？③能否通过胎儿性别鉴定的方式避免有遗传缺陷的患儿出生？再发风险是多少？④像奶奶这样的家庭（遗传病家族／曾经生育有患病个体的家庭）还有很多，我们能为他们提供哪些建议？	通过问题串建立思维冲突，深度理解基因突变和染色体畸变中"变"的对象和"变"的效应不同，以此渗透结构与功能观。学生通过观察基因检测报告发现，遗传病的检测从基因水平上可以通过碱基排列顺序的测定来获得基因的相关信息，而染色体水平上的遗传病可以结合染色体核型分析。
任务 3："优生"策略，图式构建	**呈现资料**　隐性遗传病的非近亲婚配与近亲婚配发病率表、21-三体综合征发病率随母亲生育年龄变化曲线图及相关染色体异常原理、不同孕期对致畸物的敏感性示意图、产前筛查——超声波及血清生化检测报告、产前诊断——羊膜腔穿刺技术和绒毛膜细胞检查示意图、NIPT 技术的视频介绍。	基于真实的报告单案例，运用"测序技术""染色体组型分析""生化检测"等检测基因病和染色体异常病，可以让学生在富有层次、合作性的探究活动中发展特定素养和认知方式。

49

聚焦 重要概念的生物学单元教学实践研究 社会责任视角

续表

教学环节	具体过程	设计意图
任务 3： "优生"策略，图式构建	**教师提问** 国家为什么禁止近亲婚配？适龄生育的社会意义是什么？染色体异常受累个体集中在胎儿期，从进化角度探讨这种现象的意义。孕早期避免致畸物的生物学基础是什么？超声检测主要探及的妊娠情况有哪些？生化检测采集的样本和检测的指标是什么？羊膜腔穿刺技术和绒毛膜细胞检查两项技术分别如何采样？可以诊断哪些缺陷？如何反映这些异常？NIPT 技术的优势是什么？总结遗传咨询的步骤，谈一谈作为遗传咨询师，需要具备的职业素养有哪些？ **学生活动** 通过资料分析、数据提取，获取证据，构建"优生"策略图式（图 3-10）。 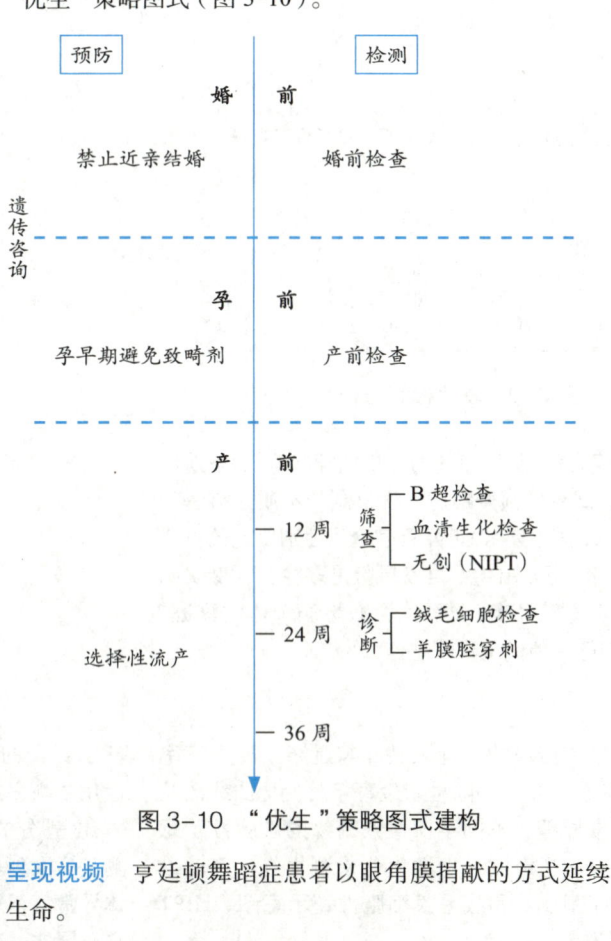 图 3-10 "优生"策略图式建构 **呈现视频** 亨廷顿舞蹈症患者以眼角膜捐献的方式延续生命。 **学生活动** 制作"优生优育"宣传卡片，课后分发给社区居民。	以遗传咨询为明线，在真实创设的咨询情境中感悟遗传咨询师的职业价值与职业素养，在职业体验中逐渐树立生涯规划的意识；结合国情，落实关注遗传病群体、宣传遗传病知识的社会责任。 问题串的设计指向概念建构的暗线，"优生策略图式"的构建与完善就是次位概念"举例说明人类遗传病是可以检测和预防的"达成的重要指标。

50

第 3 章　行动与对策

续表

教学环节	具体过程	设计意图
任务 4： 概念整合， 显性呈现 （课后）	**学生活动**　运用结构与功能观、遗传与变异观，构建本单元概念图（图 3-11）。用文字、箭头建立概念之间的联系，解释细胞核作为遗传与代谢的控制中心。 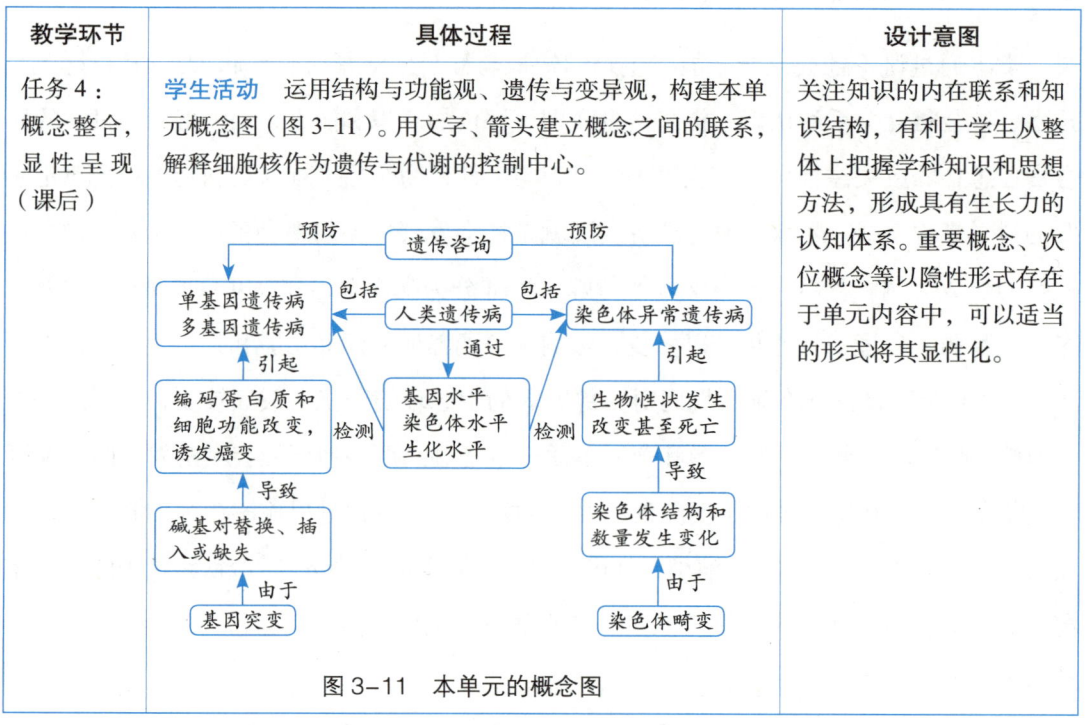 图 3-11　本单元的概念图	关注知识的内在联系和知识结构，有利于学生从整体上把握学科知识和思想方法，形成具有生长力的认知体系。重要概念、次位概念等以隐性形式存在于单元内容中，可以适当的形式将其显性化。

通过教学实践发现，我们构建的社会责任"三阶式"发展模式，能够在单元整体教学中搭建起系统发展社会责任的框架。教师在利用这一教学模式时，需要在有机整合课内外资源的基础上，创设真实的生物学大情境，唤醒学生的责任意识；解决真实情境中的新问题，进一步提升学生的社会责任；结合校本资源和当地资源开展实践活动，逐渐升华学生的社会责任，最终达到有针对性、系统性地培育社会责任素养的目的。

三、实践发展社会责任的单元议题式教学

21 世纪是一个信息化的时代，海量的资讯伴随着报纸、杂志、广播、电视、互联网等各种媒体汹涌而来。当中不少社会热点事件与生物学密切相关。教师应关注、筛选并收集这些社会议题，经过适当处理后，它们不仅可以作为教学情境设计的资料和学生课堂讨论的素材，也可以用于指导学生课外学习。为了充分挖掘这些社会议题背后的社会责任培育价值，我们努力实践了指向社会责任发展的单元议题式教学。

51

（一）单元议题式教学的提出

学生通过讨论社会议题，能将生物学知识与社会生活紧密联系起来，加深对科学、技术、社会相互关系的认识，提高信息甄别、评价的意识和能力，增强抵制伪科学的社会责任感，养成关注社会、关注民生的意识与责任，为今后继续深造和走上社会奠定必要的科学素养基础。环境保护与经济发展就是社会发展中不可避免的一个议题。以青藏铁路的建成为例，青藏高原自然环境特殊，大部分为高寒草甸和高寒草原地带。此处生态系统脆弱，环境一旦恶化难以修复，影响水源涵养地的涵养功能和野生生物的迁徙和繁衍。尤其是青藏铁路在施工期间对西部脆弱的生态环境干扰、破坏较多，带来诸多不利影响。但是，青藏高原的地形和交通不便一直是制约西藏地区社会经济发展的主要因素。青藏铁路的修建，带动了西藏地区经济的发展，尤其促进以旅游业为中心的可持续发展，提高了当地生活水平，缩小了地区差异。除了经济效益外，青藏铁路带来的人文旅游能促进文化传播和交流，使其他地区与西藏的文化交流加深，有利于社会稳定，为当地精神文明建设和经济发展做出了巨大贡献。

以这些社会议题为抓手来创设情境，每个情境都涉及具有争议性的思考，教师可以引导学生以小组为单位探讨议题，并通过课堂展示小组成果来深化议题，最终在组间交流与评价中完成对议题的归纳，这就是议题式教学的一般流程（图3-12）。

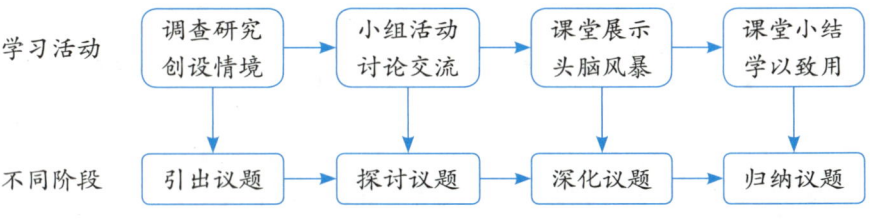

图3-12 议题式教学的流程

在实际教学中，议题式教学常常是在某节课内容中仅仅针对某个议题展开，如议题"转基因食品是否安全"，课堂辩论时各小组持不同观点，具体教学流程见图3-13。事实上，转基因食品的安全问题只是主题"转基因食品"下的一个方面。"转基因食品"这个主题下还能挖掘更多的生物学知识与概念（图3-14），而这些生物学知识与概念通常与社会责任也是息息相关的，如转基因原理和条件、设计转基因作物等。因此，我们开展了发展社会责任的单元议题式教学，以大单元的形式来开展议题式教学，这有利于构

第3章 行动与对策

建完整的知识体系，实现整体性、长期性地培育社会责任素养。

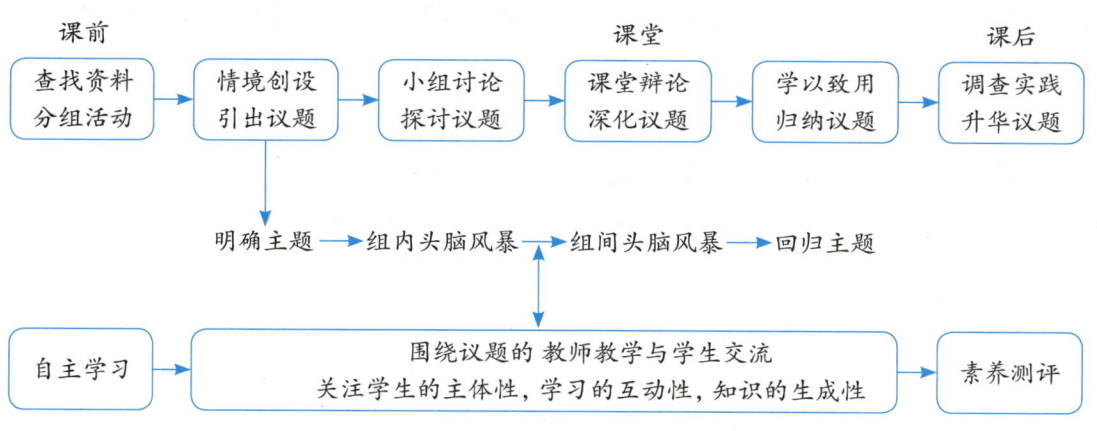

图 3-13 辩论议题"转基因食品是否安全"的教学流程

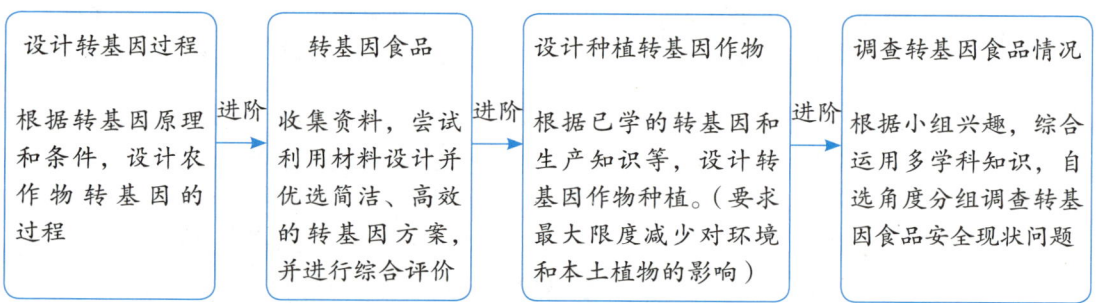

图 3-14 与"转基因食品"主题相关的内容

（二）单元议题式教学的设计与实践

1. 基于生物学概念梳理社会议题

教科书中有较多与社会议题紧密联系的生物学概念、原理等。那么，如何基于教科书中的生物学知识和概念来梳理社会议题呢？教师可以借助思维导图，逐步对概念进行解构，在聚焦重要概念的基础上梳理出次位概念，并落实到教科书中的具体概念。在具体概念的基础上，师生结合自身社会生活经验，头脑风暴或是多元化途径搜索媒体资料，梳理出相关的社会议题。例如：图 3-15 是在聚焦重要概念"细胞会经历生长、繁殖、分化、衰老和死亡等生命进程"的基础上，梳理出了癌症治疗、骨髓移植、试管婴儿、克隆人、人口老龄化、三孩政策等社会议题；表 3-3 根据课程标准，梳理了部分重要概念涉及的

53

相关社会议题以及这些议题内容所指向的社会责任发展层次。基于生物学重要概念，对教科书中蕴含的社会责任相关内容进行梳理，有助于教师在教学中更好地安排与落实社会责任素养的培育。

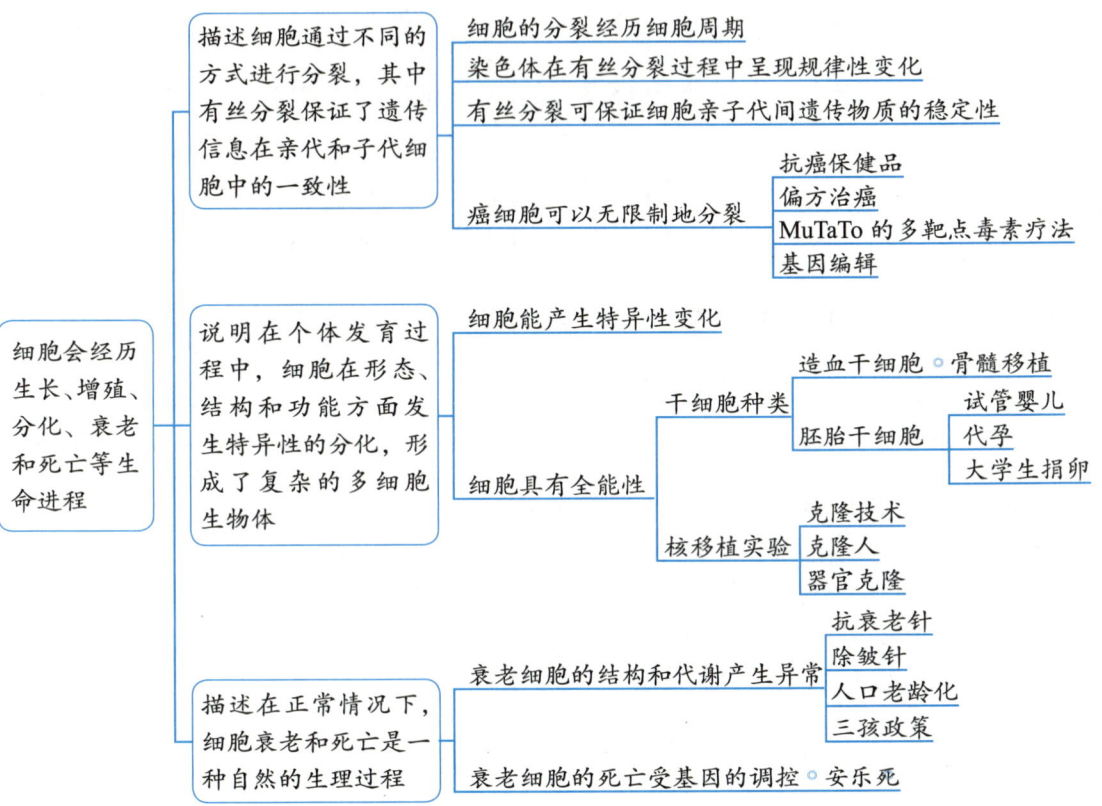

图 3-15　与重要概念"细胞会经历生长、繁殖、分化、衰老和死亡等生命进程"的相关社会议题

表 3-3　聚焦重要概念的社会议题及其对应的社会责任发展层次

重要概念	相关社会议题	社会责任发展层次
细胞由多种多样的分子组成，包括水、无机盐、糖类、脂质、蛋白质和核酸等，其中蛋白质和核酸是两类最重要的生物大分子	探讨平衡膳食宝塔中应该包含的饮食指南以及合理性，能依此检查和设定自己的每日健康饮食标准	认知层次上，能够充分认识组成细胞的分子，说出缺少某些元素或物质可能会出现的不良影响； 情感和态度层次上，认同每日健康饮食指南的合理性，辨别食品成分虚假广告，提高社会参与； 行动层次上，能够制订适合自己的健康生活计划

54

第 3 章　行动与对策

续表

重要概念	相关社会议题	社会责任发展层次
细胞会经历生长、增殖、分化、衰老和死亡等生命进程	关注白血病是一类恶性肿瘤，认识癌症的发病原因、预防手段及癌细胞的增殖 搜集分析有关干细胞研究进展与人类健康的资料，概述分化的特点。关注触发"细胞凋亡"方法治疗癌症的可行性。讨论并能够理性认识癌症	认知层次上，对细胞的生命进程有一定的认知，认识到癌症的发病原因、预防手段； 情感和态度层次上，认同健康的生活方式，珍爱生命，辨别关于癌症的伪科学，理性认识癌症； 行动层次上，积极传播健康生活理念，进行科学实践
亲代传递给子代的遗传信息主要编码在 DNA 分子上	关注 DNA 技术在现代刑侦和生物学领域的重要意义。思考为何选择 DNA 作为研究对象，如何发挥作用确定嫌疑人身份、亲子鉴定、遗骸鉴定等。阐述 DNA 如何传递遗传信息和控制个体不同的性状。讨论 DNA 技术在探测人类健康问题上的作用以及合理性	认知层次上，掌握 DNA 的结构特征，理解其结构与功能的对应关系，理解其稳定性对遗传信息传递的作用； 情感和态度层次上，认同多学科合作的重要性； 行动层次上，基于对 DNA 结构的学习，尝试解释生活中的生物学问题，探讨 DNA 技术在探测人类健康问题上的作用以及合理性
	关注某些病毒及其变异株造成的危害，以及对其侵染、增殖、变异等过程的分析，深度理解复制、转录、翻译、生物变异等过程，探讨如何应对这类病毒的措施方法	认知层次上，掌握遗传信息的复制、转录、翻译过程； 情感和态度层次上，了解病毒的侵染过程与危害，认同讲卫生的必要性以及接种疫苗等措施，辨别社会上出现的伪科学； 行动层次上，能够用所学知识，尝试病毒治疗药物的理论设计与开发，主动帮助身边群众辨清迷信，宣传相关政策
由基因突变、染色体变异和基因重组引起的变异是可以遗传的	联系生产生活实际，指导育种者能够根据不同的育种目标选择相应的育种方法得到优良的纯种产品，感悟生物技术的发展给人类生活生产的便利。特别是转基因技术在医药、食品、环境保护等领域的应用和可能带来的问题讨论 分析各种人类遗传病资料，了解疾病形成的原因与危害，消除对遗传病患者的歧视，关爱、帮助遗传病患者，并能主动宣传热爱生命的思想。了解人类基因组对人类健康带来的贡献以及负面影响	认知层次上，对基因突变、染色体畸变、基因重组等变异类型有一定认知，知道各种遗传病的形成原因及危害； 情感和态度层次上，认同人类遗传病是可以检测和预防的，辩证性地评价生物变异在生物进化中的意义，辨别并揭穿育种方式中的伪科学； 行动层次上，根据生产生活实际要求设计恰当可行的育种方案，针对生物变异的诱因制订并践行健康生活计划，宣传珍爱生命的观念

55

续表

重要概念	相关社会议题	社会责任发展层次
神经系统能够及时感知机体内、外环境的变化，并做出反应调控各器官、系统的活动，实现机体稳态	关注某些运动员在赛事前服用兴奋剂的新闻报道，阐明兴奋剂对运动员状态的影响；毒品正在渐渐侵蚀青少年的生命，了解毒品对神经系统和其他组织器官的危害及影响，养成健康的生活习惯，懂得珍爱自身生命	认知层次上，掌握反射与反射弧的联系、神经冲动的发生与传递，理解神经调节的机制； 情感和态度层次上，认识毒品对神经系统的危害，认同远离毒品的重要性，认识兴奋剂对神经调节的影响，认同公平比赛，赛前血检的必要性； 行动层次上，能够远离毒品，并利用所学知识，对他人科普毒品危害，宣传远离毒品
内分泌系统产生的多种类型的激素，通过体液传送而发挥调节作用，实现机体稳态	分析内分泌异常患者的化验检查报告单，分析判断病症的原因，激素分泌的影响因素以及机体的调节方式。简述糖尿病等疾病的发病原因、预防及治疗措施，辩证评价应用激素类药物的利与弊	认知层次上，认识多种激素及其作用，分析日常生活中常见的体液调节现象，掌握其调节机制； 情感和态度层次上，认识机体维持稳态的重要性，认同健康生活的必要性，面对常见内分泌疾病，能够做出简单判断，对市面上的药物能辩证对待； 行动层次上，认识稳态调节的局限性，利用所学知识，传播健康生活方式方法，宣传健康生活
免疫系统能够抵御病原体的侵袭，识别并清除机体内衰老、死亡或异常的细胞，实现机体稳态	关注人们在与某些病毒"抗争"过程中的举动，分析病毒入侵人体时，人体免疫系统如何斗争，我们采取了哪些措施。注射疫苗是现阶段有力的预防措施，注射疫苗后人体免疫系统与病毒的斗争与注射疫苗前有什么区别	认知层次上，对免疫系统的组成与作用有一定认知，知道体液免疫与细胞免疫的免疫过程； 情感和态度层次上，了解传染病的危害与防控知识，认同接种疫苗等措施； 行动层次上，能够关心社会，根据传染病传播相关知识，宣传正确的传染病预防措施
	关注艾滋病治疗这一人类面临的巨大挑战，分析 HIV 侵染人体过程并简述其病因和积极预防的方式	认知层次上，知道 HIV 入侵过程与传播途径； 情感和态度层次上，认同洁身自好，远离艾滋，关爱生命； 行动层次上，了解艾滋病传播方式后，能够呼吁社会不要歧视艾滋病患者，关心关爱患者，传递正能量

第 3 章　行动与对策

续表

重要概念	相关社会议题	社会责任发展层次
生物群落与非生物的环境因素相互作用形成多样化的生态系统，完成物质循环、能量流动和信息传递 生态系统通过自我调节作用抵御和消除一定限度的外来干扰，保持或恢复自身结构和功能的相对稳定	制作人工生态瓶，如鱼缸的制作，概述生态系统需要包含哪些成分；分析各成分之间具有怎样的关系和联系；其中生物成分需要的物质和能量从何处获得，物质和能量如何在各成分之间传递。当鱼缸生态系统遇到外界干扰因素破坏时如何恢复稳态。科学合理地设计人工生态系统，调节生态系统中能量的流动关系，提高能量利用率	认知层次上，对生态系统的概念和组成成分有一定的认知，举例说明其中的食物链与食物网，知道生态系统中物质与能量的传递方式； 情感和态度层次上，认同生态系统稳态的重要性，关注人类活动对生态系统的影响，关注碳循环失调与温室效应的关系，形成保护环境的意识和树立可持续发展的观念，感受生态系统的和谐之美； 行动层次上，探讨提高生态系统稳定性的措施，设计更加合理的生态系统
获得纯净的微生物培养物是发酵工程的基础 发酵工程为人类提供多样的生物产品	关注黄酒制作过程，描述原料处理、菌种活化、发酵罐中发酵等过程。分析其中涉及的微生物培养基配制、微生物分离与纯化、微生物培养条件、工业化生产的工艺流程等，尝试体验其过程	认知层次上，了解无菌技术、微生物培养与计数、分离与纯化，能够说出发酵工程的一般流程； 情感和态度层次上，了解现代工程技术在传统发酵中的应用，认同传统发酵工程的发展离不开科技的进步，认同生物多样性对人类发展的直接价值； 行动层次上，能够进行科学实践，完成家庭生活常见发酵品的制作
转基因产品的安全性引发社会的广泛关注 中国禁止生殖性克隆人 世界范围内应全面禁止生物武器	关注转基因食品、克隆人、生物武器等议题，尝试收集资料，并以辩论等形式表达观点	认知层次上，对转基因食品、克隆人、生物武器的生物学原理有一定认知； 情感和态度层次上，认同对转基因生物安全性展开讨论的必要性，养成参与社会问题讨论和承担社会责任的习惯，形成理性看待转基因生物安全性的科学态度。了解治疗性克隆与生殖性克隆的区别，理性看待克隆技术。了解生物武器的严重危害，认同国家应禁止生物武器的开发； 行动层次上，开展转基因相关议题的调查研究，收集不同观点的证据，运用批判性思维对这些证据进行分析和评价

57

2. 以社会议题为主题开展单元教学

如果以课时为单位开展教学，知识往往是碎片化的。例如，某些病毒流行期间，为落实"立德树人""德育为先"的教育方针和教育思想，教师积极开展与病毒有关的专题教育，开发了"病毒与特异性免疫""病毒的检测""疫苗的开发"等丰富的课程资源。但这些课程是以课时为单位开展的碎片化教学，易使教师拘泥于具体内容的"就课论课"，缺乏对教学整体的把握；易使学生的知识割裂，不利于形成一个完整的知识链条和结构体系，而且过多地关注知识与技能，忽略了情感态度和价值观的形成[①]。单元整体教学设计是一种教学设计理念和策略，强调把一个主题或项目的单元教学内容作为一个整体，实施统一的教学目标、教学过程和教学评价，突显出学科核心素养养成的长期性、渗透性和整体性等特点[②]。以社会议题为主题开发单元整体课程，强调把一个社会议题作为单元教学的主线，建构与该议题相关的重要概念、次位概念、具体概念，使得形成一个完整的知识链条和概念体系，这样更加有利于发展学生的社会责任素养。

（1）单元教学内容的开发要聚焦社会责任素养。

生物学课程内容聚集大概念，精简容量、突出重点、明确学习要求，以确保学生有相对充裕的时间主动学习，建构生物学概念，并在新的情境中应用概念知识解决真实情境中的生物学问题，发展生物学学科核心素养。安云彦等人提出了一个生物学核心素养的内在逻辑体系[③]：以社会责任为起点，运用科学思维并通过科学探究等方式进行问题解决，生成生命观念，并最终服务于社会。在社会责任的驱使下，科学思维和科学探究的直接结果是生命观念的生成，学生能够运用生命观念去认识自然、了解世界，并在此基础上尝试解决之前提出的社会问题，承担相应的社会责任（图3-16）。

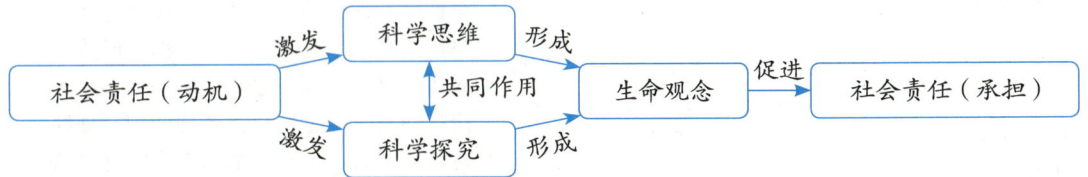

图3-16　生物学学科核心素养的内在逻辑体系

---

① 季苹.如何落实三维教学目标？（一）——对教学"单元"的再理解[J].基础教育课程,2005（8）:18-25.

② 周初霞.聚集生物重要概念的单元整体教学设计实践研究[J].生物学教学.2019（4）:7-10.

③ 安云彦,李宁,李秋石.生物学核心素养视角下深度学习的构建[J].生物学教学,2020（1）:7-9.

结合课程标准的要求和生物学学科核心素养的内在逻辑关系，我们发现，以社会议题为主题的单元教学内容的开发要聚焦社会责任素养，着重厘清教学内容之间的逻辑关系，在此基础上确立单元重要概念、设计概念进阶路径、构建单元概念体系。

（2）单元教学过程的设计要指向社会责任素养目标的达成。

单元教学过程的设计要跳出学科的知识本位，以发展学生的社会责任素养为价值导向，充分考虑学生素养的形成路径和学习进阶。课程的开发要求教师基于生物学课程理念，创造性地组织课程教学内容，其应包含单元学习目标、情境、任务、活动及评价等要素。单元学习目标要以发展学生的社会责任素养为宗旨，情境、问题、活动与评价的设计要统筹安排，环环相扣，指向单元整体学习目标的达成，以落实教—学—评的一致性。指向社会责任素养目标的单元教学设计如图 3-17 所示。单元学习目标要聚焦社会责任素养，目标的表述应是明确的、具体的、可以观察和测量的[①]。单元整体教学要组织以探究为特点的主动学习。以"情境—问题—活动—评价"为主线，学生通过主动学习以解决相关问题，而问题的解决需要整合该单元的概念知识、思想方法、价值观等生物学学科核心素养。

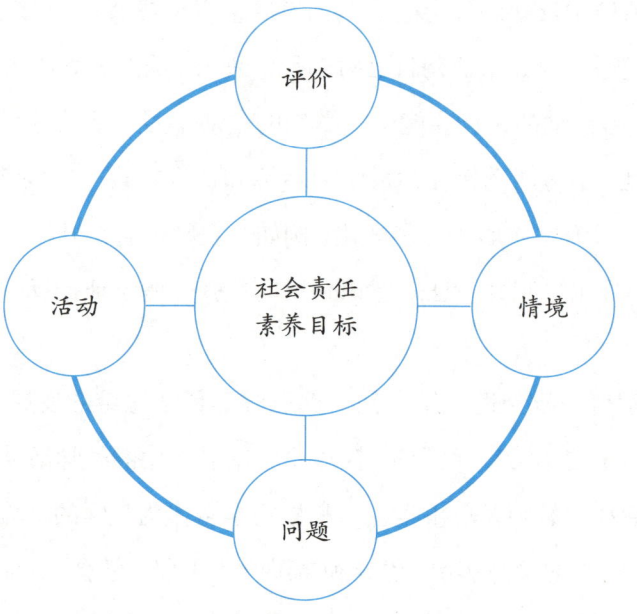

图 3-17 指向社会责任素养目标的单元教学设计示意图

---

① 周初霞.普通高中生物新课程案例研究［M］.杭州：浙江教育出版社，2010：1.

①创设整合性真实的生物学情境。学科知识本来就产生于某种特定的情境中，而脱离了特定的情境，学科知识就会僵化，缺乏生命力[1]。教师可以将要解决的问题信息蕴含在特定的生物学情境中，让学生通过对情境中的相关信息进行积极的感知和理解来学习学科知识。社会责任是生物学教与学的起点，学生从教师提供的情境中发现社会问题，责任感驱使学生为解决这一问题而开展学习过程。这样可以帮助学生经历生物学知识产生的过程，让学生明白为什么提出这一生物学概念，从而在习得生物学知识的同时形成社会责任素养。

②基于真实情境，围绕重要概念设计问题。以指向核心概念的问题为起点进行教学设计，有助于教学活动指向核心概念，同时也会促进学生通过独立思考，在分析问题、解决问题的过程中，形成对核心概念的深入理解[2]。基于单元重要概念提出核心问题，在核心问题的基础上，教师进一步设计系统的、有层次的子问题。然后，学生根据学习材料和子问题开展有目的的、有方向的学习活动，并呈现学习成果，初步回答上课初始所提出的核心问题。教师也可尝试让学生基于情境而主动提出问题，这样的问题更能促进学生的主动探究。

③围绕真实情境中反映的社会问题来创设与组织学习活动。概念教学要注重学生能力表现，需要学生通过探究来建构自己对知识的理解。因此，教师需要运用主要问题来组织学习活动。学习活动的设计要能引发学生的主动学习，活动进程要具有连续性、进阶性和内部逻辑性。学习活动旨在达成学习目标和认识方式，发展学生的特定素养。活动应以学生主动学习为本，形式可多样化。例如，教师可尝试开展基于社会议题的论证教学：选择议题→提出主张并举证→意识到反向主张→基于证据反驳反向主张→讨论明确科学本质。

活动能促进学生的批判性思维、创造性思维等科学思维的发展。活动不能单一化、程式化、形式化，不能为活动而活动。教师要利用多元化的教学活动来引导学生积极地投入学习中，在活动中教师要尊重学生，积极将学生作为教学的主体，把学生的想法融入教学之中，提高学生的参与热情，引导和帮助学生不仅"学会"，而且"会学"。

④开展促进学生社会责任素养发展的多元评价。评价贯穿于整体教学活动中，教学

---

① 钟启泉. 基于核心素养的课程发展：挑战与课题[J]. 全球教育展望, 2016 (1): 3-24.

② 杨文源, 刘恩山. 为了理解的教学设计：从指向核心概念的问题开始[J]. 生物学通报, 2014 (1): 28-33.

活动的设计及实施既是达成教学目标的重要手段，也是教学评价的情境。从课程的视角来看课堂教学，作为灵魂的目标，既是出发点，又是归宿，而教—学—评是基于目标展开的专业实践[①]。评价是教师了解教学过程、调控教与学的行为、提高教学质量的重要手段。教师要开展以促进学生社会责任素养发展为本的多元评价。首先，评价要高度关注学习目标的达成，设置表现性任务及其量规表，使合作学习有目标，针对性强、有效性高。其次，要注重过程性评价。特别是活动的交流评价环节，教师要引导和激发学生充分呈现学习成果，开展生生互动、互评，发挥集体的智慧以实现社会问题的解决。最后，要提倡在评价中关注学生的个体差异。教师要帮助学生认识自我，激励自信，改进学习方式。

（3）基于单元概念体系和教学目标开发课时教学。

单元整体教学是重要概念形成的路径，课时教学又是核心素养落地的主要阵地。单元整体教学需要分解成若干学习主题，通过若干课时教学来完成单元整体的概念建构，达成单元学习目标。基于单元整体开发主题课时教学时，教师需要考虑概念层级、学习目标、主题情境、问题体系、评价目标等方面的自然、有效衔接。

3. 以"新冠病毒感染"为主题开展单元教学

以新冠病毒感染为主题开展单元教学，把全社会高度关注的"新冠病毒感染"作为单元教学的主线，充分挖掘这一议题中蕴含的社会责任内涵，重构与该议题相关的重要概念、次位概念、具体概念，形成一个完整的知识链条和概念体系，将学生完全置身于社会生活之中，提升学生的社会责任。

（1）构建单元概念体系。

"新冠病毒感染"隐含着丰富的生物学概念知识和生物学学科核心素养。以"新冠病毒感染"为主题，参考课程标准"传染病与防控"课程开设建议，以"新冠病毒感染是指由新型冠状病毒感染导致的传染病"为重要概念，以"新冠病毒感染的传染源主要是感染新冠病毒的患者""新冠病毒感染有多条传播途径""通过切断传播途径等手段防控新冠病毒感染"作为次位概念，单元整体概念体系解构如图3-18所示。

---

① 崔允漷，雷浩.教-学-评一致性三因素理论模型的建构[J].华东师范大学学报（教育科学版），2015（4）：15-22.

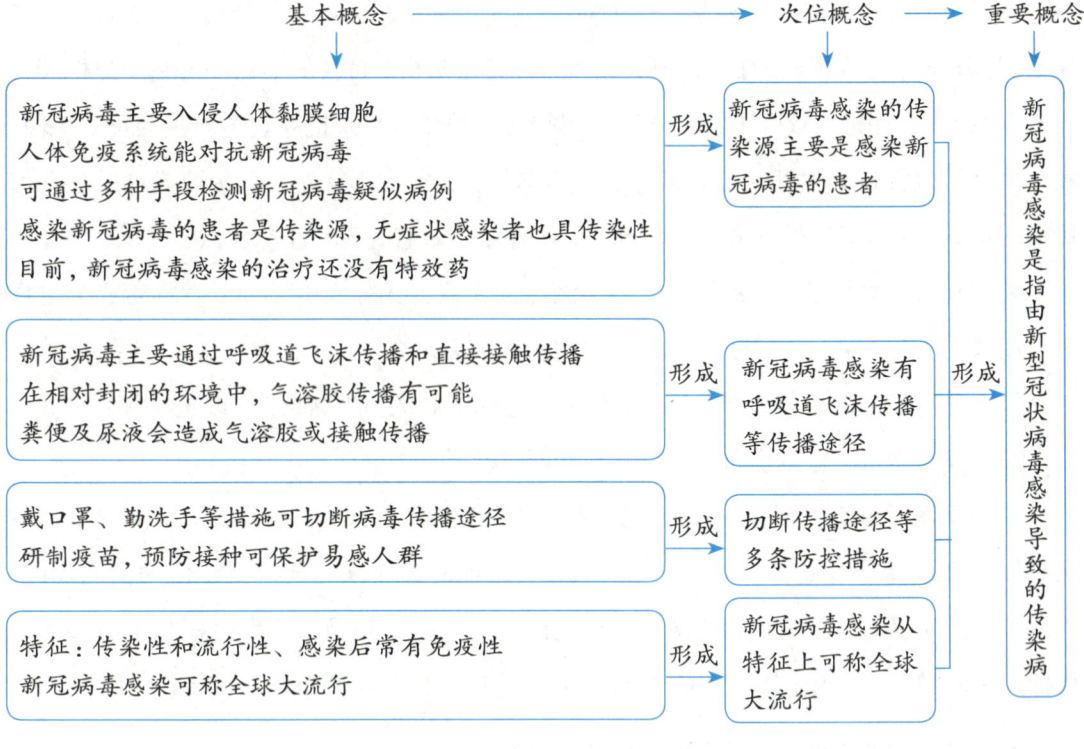

图 3-18　以"新冠病毒感染"为主题的单元概念体系

（2）制订单元学习目标。

结合"新冠病毒感染"的单元概念体系，本单元应引导学生主动运用传染病的相关知识保护自身健康，并向他人宣传传染病的防控措施；关注并参与新冠病毒感染相关热点议题的讨论，基于生物学的基本观点，辨别并揭穿伪科学；收集信息了解我国以及全球防疫体系的组成，体会社会主义制度的优越性；将生物学教学与生命教育紧密结合，形成珍爱生命、尊重生命、敬畏自然，与自然和谐相处的观念。

基于此，单元整体学习目标具体表述如下：

①收集信息概述新冠病毒的主要感染途径，形成结构与功能观；结合感染者的症状分析人体免疫系统对抗新冠病毒的过程，并构建机体免疫的概念模型，形成稳态与平衡观，树立新冠病毒感染可防可控的信心。

②概述新冠病毒感染的传染源主要是感染新冠病毒的患者，辨别病原体与传染源。依据科赫法则设计实验科学确认病原体，能基于生物学事实和证据运用归纳与概括等科学思维，针对特定生物学现象进行方案设计和交流论证。

③收集信息分析新冠病毒感染的传播机理与途径，阐明传染病的预防措施与检测手

段，主动运用传染病的防控知识保护自身健康，并向他人宣传传染病的防控措施，形成"防控并重"的观念。

④收集信息阐明新冠疫苗的研发进展，认同预防接种是保护易感人群的主要措施。关注并参与新冠病毒感染相关热点议题的讨论（例如，科学论证某药剂抑制新冠病毒的时事新闻），基于生物学的基本观点，辨别并揭穿伪科学。

⑤收集信息并比较我国及国外的防疫体系，增强学生的爱国信念，体会社会主义制度的优越性。关注全球疫情的发展状况，阐明新冠病毒感染从特征上可称世界大流行，认同"地球村"及"人类命运共同体"的观念；形成珍爱生命、尊重生命、敬畏生命的意识与情感，认同人与自然和谐相处的观念。

（3）设计单元教学蓝图。

以"情境—问题—活动—评价"为主线，学生通过主动学习解决相关问题，而问题的解决需要整合该单元的概念知识、思想方法、价值观等生物学学科核心素养。

①创设真实的生物学情境。本课程以学生亲身经历的"新冠病毒感染"为单元整体情境。

以学生熟悉的新冠病毒为情境，容易被认同和引起共鸣。同时，情境与社会相联系，具有丰富、生动、形象的特征，能引发学生的求知欲望，诱导学生基于情境生成问题，启发思维。学生通过对情境相关问题的分析探究，能提高其运用知识解决实际问题的能力，并关注社会、积极参与社会生活，增强其社会责任意识。

②基于真实情境、围绕重要概念设计问题。基于单元重要概念提出核心问题，在核心问题的基础上，进一步设计系统的、有层次的子问题。

核心问题：新冠病毒是如何感染人体并导致人体患病的？

子问题：新冠病毒感染的病原体和传染源分别是什么？人体是如何被感染的？人体免疫系统如何抵抗新冠病毒？新冠病毒感染的主要传播途径有哪些？我们如何防控？从传染病的角度分析，新冠病毒感染有哪些主要特征？中国的防疫体系是怎样的？与国外比较有什么优越之处？你认同"人类命运共同体"的观念吗？认同人与自然和谐相处的观念吗？

提出问题、解决问题是科学研究的基本模式[1]。教师引导学生通过思考回答这些问

---

[1] 张颖之，刘恩山. 核心概念在理科教学中的地位和作用——从记忆事实向理解概念的转变[J]. 教育学报，2010（1）：57-61.

题，能帮助学生实现对所学知识的深入理解。这不仅能在很大程度上保证活动设计的有效性，还能帮助教师厘清教学内容之间的逻辑关系，从而更有效地帮助学生深入理解所学知识。

③围绕真实情境中反映的社会问题来创设与组织学习活动。社会责任是生物学教与学的起点，学生从教师提供的社会情境中发现社会问题，责任感驱使学生为解决这一问题而开展学习过程。围绕问题"新冠病毒感染的病原体和传染源分别是什么？"，教师引导学生收集信息分析传播机理与途径，阐明传染病的预防措施与检测手段，主动运用传染病的防控知识保护自身健康，并向他人宣传传染病的防控措施，形成"防控并重"的观念。例如，围绕"新冠病毒的主要传播途径有哪些？我们如何防控？"等问题，教师引导学生调查所在社区、家庭及自己的防控情况，或者收集资料，分享"抗疫"中最佩服的人和事。学生在收集、分析资料的过程中，认识新冠病毒的多条传播途径，认同戴口罩、勤洗手、少聚集，设立应急隔离区等预防措施的现实意义，加深个人对社会决策的理解，明确疫情防控、人人有责的社会责任。针对问题，教师也可以让学生收集信息阐明新冠疫苗的研发进展，关注并参与相关热点议题的讨论，认同预防接种是保护易感人群的主要措施，并主动积极承担向他人宣传的社会责任。

④开展促进学生社会责任素养发展的多元评价。评价贯穿于整体教学活动中，教师要开展以促进学生素养发展为本的多元评价。例如，教师让学生发表对"某药剂抑制新冠病毒"事件的看法，引导学生关注并参与相关热点议题的论证，能基于生物学的概念知识、基本观点和科学方法，参与社会议题的讨论，辨别并揭穿伪科学，需要具备社会责任的四级水平。又如，教师让学生查阅资料，分析并比较中国的防疫体系与国外的防疫体系，总结列举"抗疫"体现出的社会主义制度的优越性，增强民族自豪感。

（4）落实单元整体教学下的课时教学。

单元教学需要分解成若干学习主题，通过若干课时教学来完成单元整体的概念建构，达成单元学习目标。下面，呈现主题课时学习的部分情境与问题。

主题1　新冠病毒的入侵与人体免疫系统的对抗

情境　呈现新冠病毒的结构模式图、扫描电子显微镜和透视电子显微镜的真实视频或图片；新冠病毒入侵人体细胞、在细胞内的增殖过程等视频。患者出现咳嗽、发热等症状，人体免疫系统与新冠病毒"战斗"等视频。

第 3 章　行动与对策

核心问题　人体免疫系统是如何抵抗新冠病毒的?

子问题　①新冠病毒的组成与结构是怎么样的?②新冠病毒如何入侵人体细胞?为什么肺泡最容易被其所攻击?③病毒在细胞内如何增殖?请你构建新冠病毒繁殖过程概念模型,并与其他病毒(如烟草花叶病毒、SARS病毒等)的繁殖过程进行比较。④人体免疫系统是如何抵抗新冠病毒的?并构建人体防御病原体的三道防线的概念模型。

设计意图　引导学生通过观看视频,自主学习新冠病毒的组成与结构,明确病毒的S蛋白能与人体细胞膜上ACE2结合,从而入侵细胞。由于人体的口腔、鼻腔、眼睛等黏膜上皮细胞含有ACE2,会被病毒侵染,且肺泡上皮细胞ACE2的含量较多,易被病毒所攻击,从而形成结构与功能观。构建新冠病毒繁殖过程概念模型,并与其他病毒进行比较,在原有知识概念框架中拓展新的知识体系。应用免疫应答相关知识明确人体对抗新冠病毒的过程,构建人体防御病原体的概念模型,形成稳态与平衡观,树立新冠病毒感染可防可控的信心。

主题 2　依据科赫法则科学确认新冠病毒感染的病原体

情境　一般疑似病例同时具有以下病原学或血清学证据之一者,即为新冠病毒感染确诊病例。①实时荧光RT-PCR检测新冠病毒核酸阳性;②病毒基因测序,与已知的新冠病毒高度同源;③血清新冠病毒特异性IgM抗体和IgG抗体阳性;血清新冠病毒特异性IgG抗体由阴性转为阳性或恢复期较急性期4倍及以上升高。

核心问题　如何科学确认新冠病毒感染的病原体?

子问题　①如何检测患者体内含有新冠病毒?不同检测手段的生物学原理分别是什么?你认为如何检测更科学?②请依据科赫法则设计实验论证新冠病毒是新冠病毒感染的病原体。随着分子生物学的不断发展,科赫法则有什么新的发展吗?请收集信息论述你的观点。

设计意图　引导学生应用免疫学、基因工程、PCR等生物学知识理解新冠病毒的检测原理,领悟生命科学知识和技术对疫情防控、医学、社会的帮助和贡献。运用科赫法则设计实验方案论证病原体的科学确认,提升归纳和概括能力。通过补充"基因组时代的科赫法则",拓展生物学的前沿知识,认同生物学概念知识是不断发展与完善的。

主题 3　感染新冠病毒的患者是主要的传染源

情境　《新型冠状病毒感染的诊疗方案》(试行第七版)中,传染源的表述为"目前

65

所见传染源主要是新冠病毒感染患者。无症状感染者也可以成为传染源"。

核心问题 新冠病毒感染的传染源主要是什么？

子问题 ①什么是传染源？新冠病毒感染的传染源主要是什么？②上网查阅不同版本诊疗方案中对传染源的表述有哪些改变？这些改变的科学依据是什么？这说明了科学家对科学研究是什么态度？③你认同无症状感染者也可以成为传染源吗？④如何"消灭"传染源？请收集资料论证你的观点。

设计意图 引导学生通过比较、论证不同版本诊疗方案，明确在疫情发展的不同阶段对流行病学特点有不同的表述，这说明科学要基于事实证据，认同科学是在不断变化发展的，崇尚严谨和务实的求知态度。

主题4 新冠病毒感染的传播途径与防控措施

情境 《新型冠状病毒感染的诊疗方案》（试行第七版）中，传播途径表述为"经呼吸道飞沫传播和密切接触传播是主要的传播途径。在相对封闭的环境中长时间暴露于高浓度气溶胶情况下存在经气溶胶传播的可能。由于在粪便及尿中可分离到新冠病毒，应注意粪便及尿对环境污染造成气溶胶或接触传播"。可播放全民"抗疫"等视频。

核心问题 新冠病毒感染的主要传播途径有哪些？

子问题 ①查阅资料，新冠病毒感染的主要传播途径有哪些？②通过哪些措施可以切断新冠病毒的传播途径？③谈谈"封城"对防控新冠病毒感染的意义。④调查社区家庭及你自己的防控情况，或者收集资料，分享"抗疫"中你最佩服的人和事。

设计意图 学生课前收集、分析资料，认识新冠病毒的多条传播途径，认同戴口罩、勤洗手、少聚集，设立应急隔离区等预防措施的现实意义，加深个人对社会决策的理解。学会科学理性地预防疫情传播，将预防措施落实在自己的日常生活中，并主动积极向他人宣传，明确疫情防控、人人有责的社会责任。

主题5 免疫接种能保护易感人群

情境 有关多个国家和机构努力研发疫苗的报道，报道中涉及的疫苗种类有重组疫苗、mRNA疫苗等。

核心问题 如何保护易感人群？

子问题 ①什么是"重组疫苗"？什么是mRNA疫苗？这两种疫苗的研究原理分别是什么？②与"灭活的微生物、分离的微生物成分或其产物、减毒的微生物"三种传统的疫苗比较，这两种疫苗有什么特点？③为什么注射疫苗能起到预防作用？

设计意图　引导学生基于免疫接种、基因工程、遗传与变异、微生物培养等相关概念知识，解决实际问题，发展科学思维与科学探究。

主题 6　科学论证某药剂抑制新冠病毒的时事新闻

情境　某科研单位发现某药剂可抑制新冠病毒，一时间该药剂能抑制新冠病毒的消息铺天盖地，有人抢购，有人转发，也有人网络辟谣。

核心问题　"该药剂抑制新冠病毒"这个事件你是否认同？请收集资料论述你的观点。

设计意图　引导学生关注并参与相关热点议题的论证，能基于生物学的概念知识、基本观点和科学方法，参与社会议题的讨论，辨别并揭穿伪科学。

主题 7　新冠病毒感染从特征上可称全球大流行

情境　关于确诊人数不断攀升、我国加强境外输入风险控制的新闻报道。

核心问题　新冠病毒感染为什么会造成全球大流行？

子问题　①从传染病的角度来看，新冠病毒感染的主要特征有哪些？②为什么要加强境外输入风险的控制？③查阅资料分析各国的防疫体系，"抗疫"体现出社会主义制度的哪些优越性？

设计意图　引导学生结合传染病的知识，明确新冠病毒感染具有传染性和流行性，感染后常有免疫性等特征。新冠疫情从特征上分析已造成全球大流行，形成"人类命运共同体"的观念；运用系统论的观念理解"抗疫"是"牵一发而动全身"，只有全球各国联合"抗疫"，才能最终战胜病毒；认同"早发现、早报告、早隔离、早治疗"是防控传染病的重要手段。通过国内外防疫体系与手段的比较分析，体会社会主义制度的优越性。

基于"新冠病毒感染"单元整体情境，围绕"新冠病毒感染"课程的整体概念体系，创设主题课时教学的真实情境与问题，使情境主线化，即一条情境主线贯穿始末，设计思路清晰有序，情境主线与知识主线融合[1]。运用丰富的生物学事实、生命科学史及探究等方法能有效地帮助学生生成概念，并在生活实践中利用建立起的科学概念解决现实问

---

[1]　李艳华.巧设主线化情境，发展生物学核心素养[J].生物学教学，2019（12）：17-19.

题，进一步加深对概念的理解。

以"新冠病毒感染"为主题开展单元议题式教学，能凸显科学性与学科性、突出学生主体性以及彰显育人价值，践行了"生活即教育""社会即学校"的教育理念。在教学实施过程中，教师逐步引导学生主动运用传染病的相关知识保护自身健康，并向他人宣传传染病的防控措施；关注并参与相关热点议题的讨论，基于生物学的基本观点，辨别并揭穿伪科学；收集信息了解我国以及全球防疫体系的组成，体会社会主义制度的优越性；将生物学教学与生命教育紧密结合，形成珍爱生命、尊重生命、敬畏自然，与自然和谐相处的观念。随着教学过程的深入，将"新冠病毒感染"这一社会议题隐含着的生物学概念知识一一落实到位，充分渗透了社会责任素养的培育。

第4章
反思与展望

回顾课题组的研究进程，我们不仅欣喜于课题的研究成果在理论和实践的一次次碰撞中越来越丰满，更是反思了研究中的不足，这也为课题组后续的研究工作指明了方向。

一、反　思

学生社会责任素养的发展，不仅依赖于生物学背景知识，也依赖于思维训练的潜移默化，更依赖于在真实情境中不断地探讨、解决社会现实问题，在活动中不断地参与和实践，还需要通过多元化的评价方式来促进。

随着课题研究的深入，研究初步取得的理论和实践成果应用于一线教学中，我们欣喜地发现，课堂更生动了，学生的课堂参与度更高了，社会责任素养的提升更有效了。依托聚焦重要概念的单元整体教学模式来实现社会责任素养的培育，这在实际教学中显现了旺盛的生命力。通过教学实践发现：①课题组设计的社会责任"三阶式"发展模式，有助于在日常教学中搭建起系统发展社会责任素养的框架。教师在利用这一模式时，可以在有机整合课内外资源的基础上，创设真实的生物学大情境，能够唤醒学生的社会责任意识；基于真实情境提出待解决的问题，在解决这些问题的过程中进一步提升学生的社会责任；结合当地资源和校本资源开展实践活动，逐渐升华学生的社会责任，从而实现有针对性、系统性地发展学生的社会责任。②课题组选择了合适的社会议题作为单元教学情境，充分挖掘这一议题中蕴含的社会责任相关内涵，建构与该议题相关的概念体系（包括重要概念、次位概念、具体概念等），从而形成一个完整的知识链条和体系，将学生完全置身于社会生活中，提高了学生运用知识解决实际问题的能力，引导学生关注社会问题、积极参与社会生活，拓展提升学生的社会责任。③在单元整体教学中融入先进的教育教学理念，能够将课堂教学提质增效。人本主义理论强调以学生为中心，道德教育理论强调培养社会责任感，最近发展区理论启发我们合理确定教学的内容和难度，建构主义理论强调在参与和相互作用中构建素养，STSE教育理论启发我们教学要有综合思维，情境认知理论强调真实情境中有效问题的创设，"总—分—总"理论作为单元整体教学理论的重要框架和支撑，这些理论都是教学改进的重要依据。用理论指导课堂，将理论融入课堂，才能创造有生命力的课堂，让学生爱上课堂、享受课堂，在课堂中发展素养。

然而，在实践推进过程中，有些传统的问题仍然存在，新的问题也不断地出现。固有的问题主要源自四个方面：一是施教者——部分教师仍然坚持知识本位，对学生社会责任素养培育的重视不够，对社会责任的内涵研究不够，教育理念需要更新；二是学习者——学生主动思考探索不足，在课堂中更多的是作为被动的接受者；三是教学内容——对社会责任相关的教学资源的挖掘不够，在应用上流于浅层；四是教学方式——仍然传统而陈旧，尤其是留给学生参与、实践的时间和机会较少。课题研究方面也存在若干有待解决的问题：首先是对社会责任的内涵认识需要进一步挖掘，以提高课题研究的指向和精准度；其次是课题研究的理论基础，尤其是基于重要概念的单元教学体系的构建，目前在国内属于初创，仍在不断的发展和完善中，有众多需要改进的方面；再者是在挖掘社会责任的资源以丰富社会责任培养的载体方面，仍需加强。相信有更多更好的资源被挖掘后，无论是课堂教学的形式与内涵还是课堂教学的效果，都能得到进一步提升；最后在以社会议题为主题开展单元教学上尚显单薄，只是一些零散的成功案例，但离完善丰富的议题式教学体系建设，仍存在较大差距，这也需要省内外甚至国内外众多教师的参与和思考。

二、展　望

学生社会责任素养的发展，是高中生物学课程标准的要求，是社会发展的需要，是学生自身发展和适应未来生活的需要，是生物学教学必须实现的目标。面对研究过程中遇到的一些困难和问题，我们需要打破陈旧观念，开拓思路，创新性地去解决。

第 4 章　反思与展望

1. 更新教育理念，主动承担培育重任

社会责任在高中生物学教学体系中占据着重要的地位。社会责任的培育，需要根植于生物学学科课堂。基于核心素养的单元设计是撬动课堂转型的一个支点，将教学内容置于单元整体论视域下去把控，更多地关注教学内容的本质、蕴涵的思想。"单元"不是把教学内容碎片化地当作知识点来处置，而是有机地、模块式地组织与构成，把知识的整体化、结构化渗透于教学全过程。单元整体教学有助于教师摆脱传统教学设计的机械主义、科学主义、功利主义倾向，拓展其教学视野，提高其教学效率。同时，单元整体教学能有效帮助学生构建系统化、结构化的生物学概念体系，提升学生运用生物学概念解释和解决复杂情境中的具体问题的能力，发展生物学学科核心素养。

教师作为生物学课堂教学的组织者、设计者和指导者，必须主动更新自身的教育理念，主动承担起培育学生社会责任素养的重任，将培育学生社会责任素养时刻放在心上，不断创新高中生物学教学方法，从而更好地发展学生社会责任素养。只有教师从思想上认识到社会责任素养培育的重要性，从而主动去学习、提升自己，挖掘教育内容，改进教育方法，将学生核心素养的发展作为课堂教学的主要目标，真正落到实处，才能培育出优秀的学生。

2. 梳理责任内涵，挖掘社会责任教育资源

教科书中含有大量开展社会责任素养教育的素材，教师要进一步提高自己的职业素养，对教科书进行深度挖掘，用好教科书中有关社会责任素养的素材，找准社会责任素养的渗透点，不断钻研教科书，超越教科书。同时，教科书上关于社会责任素养培育的相关资源也是有限的，需要教师与时俱进，并积极开发资源。教师要善于利用身边的资源，在教学中有意识地培育学生的社会责任素养。如在"组成细胞的分子"学习中，可以挖掘合理膳食的渗透点；在"细胞的衰老和凋亡"学习中，可以挖掘尊老爱幼的渗透点；在"人类遗传病"学习中，可以挖掘优生优育的渗透点；在"杂交育种与诱变育种"学习中，可以挖掘袁隆平的感人事迹作为社会责任的渗透点；在"免疫调节"学习中，可以挖掘洁身自爱、拒绝毒品的渗透点。

高中生物学教学不仅需要在课堂中进行，更要主动拓展到课外，通过社会实践活动使学生得以学以致用。例如，当教师完成"超级细菌"课堂教学之后，可以要求学生进行一次以"药品"为主题的社会实践活动，深入小区、家庭和药店进行调查，形成调查报

71

告，不仅有利于巩固知识，还能让学生主动承担起健康义务宣讲的社会责任。

3. 优化教学设计，培养社会责任意识

学生的任何一种核心素养都不是依靠教师进行简单的知识灌输就可以培养的，教师必须不断优化教学方法，使学生真正成为课堂教学的主体，积极主动地参与到课堂教学中，进而有效发展社会责任素养。例如，教师在"生态系统的物质循环"课堂教学过程中，应优化教学设计以使学生形成环保和健康生活的社会责任意识。在课堂导入环节，教师可以向学生播放事先录制好的洪水、干旱和沙漠化等灾害微视频，进而引发学生思考和讨论这些日常生活中我们所面临的生物学问题，从而使学生得以在内心产生强烈的震撼和认同感，带着强烈的社会责任感参与到课堂学习中。在课堂教学过程中，教师将学生分组进行小组合作学习，引导小组成员根据物质循环特点，从碳循环入手，自主构建物质循环和能量流动模型，使各小组成员得以正确认识能量只能单向流动，不可循环使用，从而培育学生学会尊重生命、珍惜能源、保护环境的社会责任意识。

丰富多彩的课堂组织形式，有利于发展学生的社会责任素养。教师还可以将一些社会议题引进课堂，组织辩论赛等活动，如开展以"转基因利弊"为主题的辩论，在辩论中让学生的认识更加理性。除此之外，克隆人、基因编辑技术、抗生素使用等已成为社会和公众广泛关注并争议的问题，教师都可以指导学生学习和讨论，促进学生社会责任素养的形成和发展。播放科技新闻等是在生物学课堂中进行社会责任素养培育的另一种教学策略，视频播放、图片展示等方式形象生动，能够直观地让学生接受社会责任素养的培育，提高教学效果。课外社会实践也是发展社会责任素养的好手段，如布置学生进行水质量与空气质量的调查、开展植物辨认挂牌活动、开展生物多样性调查等，让学生在丰富多彩的活动中，实现实践与理论相结合的效果。

学科知识产生于某种特定的情境中，脱离了特定的情境，学科知识就会僵化，缺乏生命力。通过创设真实的生物学情境，将学科要解决的问题信息蕴含在特定的情境中，让学生积极地感知和理解情境中的相关信息来学习学科知识。这样可以帮助学生经历生物学知识产生的过程，让学生明白为什么提出这一生物学概念，从而在习得生物学知识的同时发展生物学学科核心素养。在真实的情境中，学生有身临其境的体验，容易被认同和引起共鸣。同时，情境与社会相联系，具有丰富、生动、形象的特征，能引发学生的求知欲望，诱导学生基于情境生成问题，启发思维，通过对情境相关问题的分析探究，提

高学生运用知识解决实际问题的能力，从而发展生物学学科核心素养。教师要基于情境、围绕重要概念设计问题。以指向核心概念的问题为起点进行教学设计，有助于教学活动指向核心概念，同时会促进学生独立思考，学生在分析问题、解决问题的过程中，形成对核心概念的深入理解，进而更好地发展社会责任素养。

4. 关注社会热点，提升社会责任意识

培育社会责任素养要求教师积极鼓励学生主动关注并参与和生物学相关的社会议题，并且做到"不盲听、不盲从"，从而得出科学理性的判断。社会的迅猛发展要求教师紧跟时代，将生物学领域的热点话题如干细胞研究、艾滋病、环境保护、基因治疗等引入高中生物学课堂，这不仅有利于激发学生学习生物学的兴趣，还有助于激发学生的社会责任感。例如，教师在开展"免疫调节"课堂教学时，在讲解"免疫缺陷综合征"知识时，可以将艾滋病这一社会热点引入课堂，组织学生进行讨论，帮助学生正确认识和理解艾滋病，帮助学生正确对待患者，并且主动承担起宣传的社会责任。

随着社会的发展，培育学生的社会责任素养对于学生成长和国家发展的意义将越来越重，社会、学校、老师都需要不断变革和创新，让培养社会责任素养的途径更新，内容更实，效果更好。聚焦重要概念的单元教学模式，在发展学生社会责任素养方面已经形成了系列的成果体系，发展了多种有效的途径和方法，具有良好的效果和优势。我们也将继续努力，不断完善研究的不足之处，使研究成果能够更好地服务于广大一线教师和学生。